丛书主编

王大明　　刘　兵　　李　斌

编委会成员

（按姓氏音序排列）

陈印政　　柯遵科　　李　斌

李思琪　　刘　兵　　刘思扬

曲德腾　　施光玮　　孙丽伟

万兆元　　王　静　　王大明

吴培熠　　杨　枭　　杨可鑫

云　霞　　张桂枝　　张前进

数理之光耀东方
亚洲科学先驱

王大明 编

中原出版传媒集团
中原传媒股份公司

大象出版社
·郑州·

图书在版编目(CIP)数据

数理之光耀东方：亚洲科学先驱 / 王大明编. —
郑州：大象出版社，2024.5
(中外科学家传记丛书 / 王大明，刘兵，李斌主编)
ISBN 978-7-5711-1917-1

Ⅰ. ①数… Ⅱ. ①王… Ⅲ. ①科学家-列传-亚洲
Ⅳ. ①K833.061

中国国家版本馆 CIP 数据核字(2023)第 214511 号

中外科学家传记丛书
数理之光耀东方 亚洲科学先驱
SHULI ZHI GUANG YAO DONGFANG　YAZHOU KEXUE XIANQU
王大明　编

出 版 人	汪林中
项目策划	李光洁
项目统筹	成　艳　董翌华
责任编辑	陈康迪
责任校对	安德华
装帧设计	王莉娟

出版发行	大象出版社(郑州市郑东新区祥盛街 27 号　邮政编码 450016)
	发行科　0371-63863551　总编室　0371-65597936
网　　址	www.daxiang.cn
印　　刷	河南瑞之光印刷股份有限公司
经　　销	各地新华书店经销
开　　本	890 mm×1240 mm　1/32
印　　张	7
字　　数	150 千字
版　　次	2024 年 5 月第 1 版　2024 年 5 月第 1 次印刷
定　　价	28.00 元

若发现印、装质量问题，影响阅读，请与承印厂联系调换。
印厂地址　武陟县产业集聚区东区(詹店镇)泰安路与昌平路交叉口
邮政编码　454950　　　　　电话　0371-63956290

总 序

马克思和恩格斯合写于19世纪40年代的《共产党宣言》中，曾有这样一段生动的描述："自然力的征服，机器的采用，化学在工业和农业中的应用，轮船的行驶，铁路的通行，电报的使用，整个整个大陆的开垦，河川的通航，仿佛用法术从地下呼唤出来的大量人口——过去哪一个世纪料想到在社会劳动里蕴藏有这样的生产力呢？"马克思和恩格斯说的那一切，还不过是19世纪的景况。到了21世纪的今天，随着核能、电子、生物、信息、人工智能等各种前人闻所未闻的科学技术的飞速发展，人类社会面貌进一步发生了翻天覆地的甚至马克思那个年代都无法想象的巨变。造成所有这一切改变的最根本原因，毫无疑问，就是科学技术。而几百年来，推动科学技术发展的直接力量，就是一大批科学家和技术专家。

中国是这几百年来世界科学技术革命和现代化的后知后觉者，从16世纪末期最初接触近代自然科学又浅尝辄止，到19世纪中期晚清时代坚船利炮威胁下的西学东渐，再到20世纪初期对"德先生"和"赛先生"的热切呼唤，经过几百年的尝试，特别是近几十年的努力，已逐渐赶上世界发展的潮流，甚至最近还有后来者居上的势头。例如，中国目前不但在经济总量上居于世界第二的地位，而且在科学研究的多个前沿领域也已经名列国际前茅。最可贵的是，中国已经形成了一支人数众多、质量上乘的科研队伍。

利用科学技术来推动社会经济的发展，中国已经尝到了巨大甜头，科学技术是第一生产力的观点深入人心。从政府到民间，大家普遍关心如何进一步落实科教兴国战略、推动创新促进发展，使中国在科技创新方面更具竞争优势，培养和造就出更多的科技创新人才，使中国在现代化道路上能走得更长远、更健康。

为实现上述目标，一方面需要提高专业科学研究队伍的水平，发扬理性思考、刻苦钻研、求真求实、勇于创新的科学精神；另一方面也需要增强和培育整个社会的公众科学素养，造就学科学、爱科学，支持创新、尊重人才的文化氛围。这套"中外科学家传记丛书"的编辑和出版，就是出于这样的考虑。

通过阅读和学习科学家传记，一是可以更深刻地理解科学家们特别是那些在重大历史转折关头做出了伟大贡献的科学家的科学思想和创新方法，二是可以更鲜活地了解到科学家们的科学精神和品格作风，三是可以从科学家们的各种成长经历中得到启发。

本丛书所收录的200多位中外著名科学家（个别其他学者）的传记，全部都来自中国科学院1979年创刊的《自然辩证法通讯》杂志。该杂志从创刊伊始就设立了一个科学家人物评传的固定栏目，迄今已逾四十年，先后刊登了200多篇古今中外科学家的传记，其中包括文艺复兴时期的欧洲科学家、远渡重洋将最初的西方近代科学知识带到中国的欧洲传教士，当然大部分都是现代科学家，例如数学领域的希尔伯特、哈代、陈省身、吴文俊等，物理学领域的玻尔、普朗克、薛定谔、海森伯、钱三强、束星北、王淦昌等，以及天文学、地学、生物学、计算机科学和若干工程领域的科学家。值得指出的是，这些传记文章的作者，大都是在相关领域学有专长的专家学者。例如：写过多篇数学家传记的胡作玄先生，是中国科学院原系统科学研究所的研究员；写过多篇物理学家传记的戈革先生，是中国石油大学的物理学教授；此外还有北京大学、清华大学、上海交通大学、中国科技大学等多所国内著名大学的教授，以及中国科学院、中国医学科学院和中国科技协会等研究机构的专家。所以，这些传记文章从专业和普及两个角度看，其数量之多、涉及领域之广、内容质量之上乘、可读性之强，在国内的中外科学家群体传记中都可以说是无出其右者。

考虑到读者对象的广泛性，本丛书对原刊物传记文章进行了重新整理编辑，主要集中在如下几个方面：一是在总体设计上，丛书共分 30 册，每册收录 8 篇人物传记；二是基本按照学科领域来划分各个分册；三是每分册中的人物大致参考历史顺序或学术地位来编排；四是为照顾阅读的连续性，将原刊物文章中的所有参考资料一律转移到每分册的最后，并增加人名对照表。

当前，中国正处在从制造大国向创造大国转变、急需更多科技创新和科技人才的重要历史时刻，希望本丛书的出版对于实现这个伟大目标有所裨益，也希望对广大青少年和其他读者的学习生活有所帮助。

目 录

001
拉曼　土生土长的印度科学家

031
拉马努金　印度的奇才数学家

051
玻色　毛遂自荐的量子统计学家

071
萨哈　南亚天体物理学先驱

099
萨拉姆　第一个获得诺贝尔物理学奖的穆斯林

129
长冈半太郎　日本现代物理学的拓荒者

153
桑木彧雄　相对论在日本的早期传播者

175
汤川秀树　东西方文化的科学结晶

202
参考资料

207
人名对照表

拉曼

土生土长的印度科学家

拉曼

(Chandrasekhara Venkata Raman,1888—1970)

历史是以往全部客观存在的总和，历史学却不是这个总和，而是对其中一些事件的选择辑录。当然，如何选择辑录的标准代表了不同的历史观念。在各式各样的标准或历史学中，总有那么一些事件是大家都会注意到并将之作为重要的历史学内容加以记载的。例如在距今将近一个世纪前的1930年，肯定发生过许多事情，随着岁月流逝，能为人们所记录下来的事件已经寥寥无几，但其中有一件事情却注定要载入史册，那就是印度有一位叫拉曼的物理学家在这一年荣获了诺贝尔物理学奖。其特殊性在于，这件事打破了欧美西方科学家对这项科学界最高荣誉的垄断。[1]拉曼作为土生土长的印度人而获得诺贝尔物理学奖，证明了东方人有能力在现代科技领域与欧美西方人并驾齐驱。印度物理学家拉曼在中国并不那么广为人知，但他的科学事迹还是很值得我们学习借鉴的。本文为其作传，或许多少能在这方面弥补一下这个缺憾。

---

[1] 实际上，拉曼的同胞、印度诗人泰戈尔于1915年已经获得了诺贝尔文学奖。但很多人认为文学很难客观评价，很大程度上是评奖委员主观意向的反映，没有自然科学那么客观。但无论如何，作为非欧美人种的印度人能被授予诺贝尔文学奖，也是一件很有意义的事情。

一、昔日神童

在印度的东南部省份泰米尔纳德邦，沿高韦里河流域，有一个名为坦贾武尔的城市，它在印度历史上称为坦乔尔，是一个曾显赫一时的地方，著名的朱拉王朝就建都于此。坦乔尔还是泰米尔文化和古印度梵文化的交汇地，由于宗教的原因，这里的人们对音乐文化有特殊的偏好，不但发明了各种各样的乐器，而且创造出有特色的音乐流派，著名的现代卡纳蒂克音乐[1]就起源于此地。

拉曼的祖辈生活在坦乔尔地区的一座小村庄里，他的家族是一个婆罗门家族，祖父是一位知识渊博的泰米尔学者，父亲曾接受过现代教育，先在一所中学任物理和数学教师，后来到当地的一所学院任教。拉曼的母亲则出身于一个梵文世家。这对夫妇养育了八个儿女，拉曼出生于1888年11月7日，是他们第二个儿子。关于拉曼的名字或许得稍加解释，因为在他成名后他的名字经常引起人们的误解。拉曼的全名是：钱德拉塞卡拉·文卡塔·拉曼，根据印度南部的习俗，一般人都没有姓，全名的第一部分是父名，第二部分是专起的名字，第三部分是所属教派的名字，这部分通常只能由家里的大儿子继承，例如拉曼的大哥钱德拉塞卡拉·苏拉曼尼亚·艾耶，就是严格按此方式起名的。但拉曼的名字却有所不同，他出生时所起的名字是文卡塔拉曼，前面加上父名就构成了全名，没有第

---

[1] 卡纳蒂克音乐，是流行于南印度的音乐，从古印度文化演化而来。与北印度音乐风格相比，它更适合于人声，没有器乐专用的曲式结构。

三部分。当他上小学时不知什么原故,把名字分开来写成 C. V. 拉曼,后来就一直沿用下去。在英国,称一个人为 Mr. 时,后边要跟他的姓,而如果他被封为爵士,用 Sir 来称呼时,后边却应跟他的本名,例如对著名 X 射线晶体学家威廉·布拉格,可称其为 Mr. Bragg 或 Sir William。许多人按这种方式理解拉曼的名字,结果出了不少笑话:《自然》杂志曾用 Sir Venkata 称呼拉曼,在英国和印度,拉曼被不同的人用 Sir Chandrasekhara、Sir Raman 和 Sir C. V. 称呼过,曾有个年轻的美国科学家友好地询问拉曼的本名是什么,拉曼告诉他是"Sir"。

拉曼的父亲爱好广泛,家里收藏了大量图书。另外,在他任教之余还酷嗜音乐,除熟悉各种印度民间乐器外,还拉得一手相当棒的小提琴。这样的家庭环境对拉曼的成长有很大的影响,他从父亲那里继承了对科学的兴趣和对音乐的爱好,而母亲则培养了他的自信心和坚强的个性。拉曼小时候是个所谓神童,4 岁就开始读书识字,12 岁时以全优的成绩考入当地的一所大学预备学院就读,他虽然年轻,但自信心十足,在刚入学时还发生过这么一个小插曲:按照该校的惯例,每个新生入学后必须由学校给配备一名指导教师(所谓"导师制"),当问及拉曼希望谁做他的导师时,这个 12 岁的少年竟回答说:

不,谁也不要,先生!

直把征询的教师气得七窍生烟,命令他立刻从学校滚出去,因为这里已不是幼儿园，不是小孩子随便嬉戏的地方。事实上，拉曼的确还是个小孩子，当时他毕竟不过12岁。

拉曼于1903年离开家乡的小城，以获得奖学金的资格进入马德拉斯首府学院读大学。这所学校是当时印度南部的最高学府，学校的教授全部由欧洲人担任。拉曼在这里不但继续着对物理学的兴趣，而且特别喜欢上英文课，他后来回忆道：

> 英文课教师是比尔德拜克和埃里奥特两位教授，课堂通常设在一个能俯瞰大海的教室里，座位的放置方式是这样的：如果学生们不喜欢听课的话，他们能尽情地远眺蓝色的海平面，或者算一算冲上岸边的海浪数目。不知道还有没有其他的学英文的学生能够这么幸运地一边欣赏着变幻莫测的图景，一边聆听着仿佛来自美丽大海的声音？……比尔德拜克教授在他的英文课堂上所提倡的那种精神、所创造的那种气氛至今仍活生生地留在我的记忆之中。

拉曼在1904年当他16岁时就通过了学士学位考试，其中物理和英文两门课的成绩之优，使他获得了金质奖章。

鉴于拉曼在学业上的优异成绩，当他取得学士学位后，许多老师都建议他去英国深造，但当地一位民间郎中却力劝拉曼不要去那里，认为英国的气候绝对不适宜于他的孱弱体质。拉曼听从了这个建议，放弃了留洋的念头。从后来发生的一些事情（例如印度的数学天才拉马努金[1]在英国的遭遇）看，拉曼的这个决定也许是正确的，拉曼本人后来也经常提到那位民间郎中，一直对他充满了感激之情。由于这个决定，拉曼留在印度继续求学，他第一次出国已是17年之后当他33岁时才发生的事了。

拉曼在马德拉斯首府学院攻读物理学硕士学位，他的导师是物理学系主任琼斯教授，这位教授是个非常有绅士风度的谦谦君子，但在学术上没什么大的建树，拉曼对他的印象是：

> 琼斯教授相信应该让那些有能力自己照顾自己的学生自行其是，结果使我在首府学院求学的四年期间享受到几乎难以置信的学术自由。有个细节可以证明这一点：在我读硕士的第二年，我记得全年只上过一次课，主讲正是琼斯教授本人。

在后来评论拉曼50寿辰纪念文集时，英国《自然》杂志曾抱怨他完全忽略了琼斯教授在他成长过程中的重要作用，实际上，琼斯教授的作用与其说是给他学识，倒不如说是给他自由。

读硕士期间，拉曼十分珍视自由支配时间的机会，他几乎一天到晚泡在实验室里，利用一些诸如透镜、三棱镜、光栅和弦振仪等常见且简陋的仪器进行学习和研究，并于1906年年底在当时英国

---

[1] 拉马努金是印度的一位数学奇才，1914—1919年在英国追随哈代从事数学研究，不幸患病，回到印度后不久，于1920年去世。本书的第二篇传记介绍了他的业绩。

权威科学刊物《哲学杂志》上发表了自己平生第一篇论文《来自矩形孔径的不对称衍射谱带》。这篇文章从表面上看似乎也并没有什么重要的创见,只不过提出了一个多少被别人忽略了的小问题,但实际上这里已包含了甚至与拉曼效应有关的一些重要线索,对于这一点,美国约翰斯·霍普金斯大学的伍德教授颇有感触,因为他本人也曾涉足过这个问题的研究,他认为沿这条思路继续下去,肯定会接触到拉曼效应,他很遗憾自己错过了一个机会。这篇文章的发表,对于远离科学研究中心的一个不入流学院的18岁大学生拉曼来说,还具有其他不同寻常的意义:第一,它证明了自己有独立进行科学研究的能力;第二,这个研究完全基于印度本土,除一些必需的资料(有趣的是,拉曼所在的马德拉斯首府学院图书馆当时居然还没有订阅《哲学杂志》这本杂志,也没人告诉过他存在着这样一本重要的科学刊物,拉曼是在距学院5千米以外的另一个公共图书馆里自己找到《哲学杂志》的)外,没有借助外力;第三,这篇文章是马德拉斯首府学院有史以来在《哲学杂志》上发表的第一篇论文。这个成功增强了拉曼的自信,他接着又进行了液体表面张力的研究,结果发表在1907年的《哲学杂志》上,这篇论文得到了当时备受推崇的大物理学家开尔文勋爵的赞扬。

在拉曼的成长过程中,书籍可能起了最重要的作用,一开始他从父亲的藏书中获得了好处,后来又从学校和各种公共图书馆里获得博览群书的机会,关于哪些书对他的影响最大,他自己是这样描述的:

我所阅读过的书籍可以开出一个很长的书目，那么这些书是否对我有影响呢？是的，从狭义的方面讲，它们使我熟悉了诸如古希腊和罗马史、现代印度和欧洲史、形式逻辑、经济学、金融和财政理论、后梵文学者和英文作家的作品等，当然就更不必说自然地理、化学，以及纯粹数学和应用数学、实验物理学和理论物理学的各个分支了。除去这些科目和书籍对我的技术性浸润之外，能否找出对我的精神世界和人生道路的选择产生重大影响的东西呢？回答是肯定的。我想在这里提及一部著作。

一种目标明确的人生需要有一个轴心或支撑点，使它得以牢固地树立起来并可以围绕着这个中心自由活动，具体到我个人的情况，我想的确是有这么个轴心或支撑点的，它可能不是对科学的热爱，甚或是对大自然的热爱，而是一种抽象的理想主义，或者说是一种对人类精神价值和人类进行奋斗取得成就效能的信仰，我所采纳的这个理想主义观点来自埃德温·阿诺德[1]的伟大著作《亚洲之光》。我清楚地记得我读到悉达多[2]抛弃一切身外之物，追求真理并发出最后的光辉时所感受到的那种巨大震憾，那时我还非

---

1 埃德温·阿诺德（1832—1904），英国诗人和学者，以史诗《亚洲之光》（1879）闻名于世。该诗以精美的语言叙述了释迦牟尼的生平和学说。他的另一部史诗《世界之光》（1891）以基督教为题材，但远没有前一部成功。

2 即佛教创始人释迦牟尼，他的本名为乔答摩·悉达多。

常年轻，足以对此留下深刻的印象，它使我认识了对既定目标孜孜不倦地追求本身就是人类的一种伟大。其实这种精神对我们印度人并非是一种陌生的东西，不过没能一以贯之地身体力行而已。不可思议的是，作为我们这个国度历史上最伟大的人物之一，佛陀并没有在我们的生活中留下深刻的印记。

对拉曼产生影响的科学著作很多，主要有欧几里得的《几何原本》和瑞利的几部有关光学的著作，他特别推崇亥姆霍兹的《音调的感觉》一书，他还了解到亥姆霍兹著有另一本题为《视觉生理学》的书，可惜一直无缘目睹，后来他本人以此为题写了一本书。

19岁时，拉曼顺利获得了硕士学位，并已独立完成了好几项研究，他的"神童"光辉没有随着时间的推移而变得黯淡，反而在此后的日子里不断显示出更强的亮光。

二、加尔各答岁月

作为大英帝国殖民地的印度，当时一般学子的常规，是拿到当地的学位后还得去英国镀镀金，只有这样才有在大部分政府或其他机构谋得一官半职的资格。拉曼由于健康原因，无法按此常规办理。而以他当时的资历，根本不可能进入大学或其他科学研究机构（事实上这类机构当时少之又少）从事专门的研究工作。一种比较好的，实际上也是唯一的选择，就是投考政府财政部，因为只有这个部门不刻意要求国外学历。对拉曼而言，还有另一个便利条件，即他的大哥艾耶当时已是该部门的职员,可以帮他了解考试的一些情况。就这样,拉曼速成地学习了经济、财政和金融等有关知识,然后参加考试,结果以第一名的好成绩被政府财政部录取。

  在等待正式聘任的时候,拉曼与一位名叫罗卡森达丽的姑娘喜结良缘。按照印度人的习俗,儿女的婚姻一般要由父母做主,但与中国的风俗相反,婚姻的成功与否不取决于彩礼,而往往取决于女方陪嫁的多寡。但拉曼与罗卡森达丽的婚姻与众不同,他们是经过自由恋爱而结合的,他们的相识还颇有点浪漫色彩:有一天拉曼去拜访一位朋友,忽然听到隔壁房间传来一阵悠扬的歌声,唱歌的是一位姑娘,也许是一种巧合,她所唱的那首歌曲名是《拉玛,有谁与你相同?》[1],歌中的"拉玛"跟"拉曼"的发音很接近,歌声吸引了拉曼,他开始了与这位姑娘的交往,然后姑娘顺理成章地成了他的新娘。而且,拉曼谢绝了女方的全部陪嫁,这在当时很有点儿惊世骇俗的意味。婚后罗卡森达丽没有改名,但人们习惯称她为拉曼夫人。拉曼夫人在谈起她的婚姻时常爱开玩笑说:她始终弄不清楚拉曼当初娶她是不是为了多得到那150卢比的津贴,因为财政部的确给拉曼增加了这笔津贴。拉曼夫人总体来说是一位很传统的印度妇女,即便在丈夫成名后,她也一如既往地操持着家务,使拉曼得以全力以赴地投入到自己的研究工作中去。

  大约在1907年的年中,拉曼被派往加尔各答担任总会计师的一名助理,他没有去成大英帝国的首都,却带着新娘去了大英帝国殖

---

[1] Rama, is there anyone your equal?

民地的首都，与爱因斯坦年轻时的遭遇相似，开始了他长达十年的专职公务员、业余科学家生涯。

加尔各答是当时英属印度政治、经济和文化中心，但在科学研究方面，除 J. C. 玻色等少数几个有些声望的科学家零敲碎打地出点成果之外，基本上还处于一片空白状态，这种状况的根本改变要等到拉曼、萨哈和 S. N. 玻色等一大批具有国际水平的印度科学家成长起来之后。拉曼到加尔各答走马上任的同时，正像他后来所说的那样，并未放弃献身科学研究的理想，而命运之神似乎也在冥冥之中为他准备好了实现这个理想的条件，创造这个条件的人是一位名叫西尔卡的医生。

西尔卡在大学时就是一个民族主义者，他拿到了行医的资格，却无心开业，他的最大志趣在于如何将西方的教育系统和科学知识引入印度，使这个民族尽快地强大起来，摆脱英国的殖民统治。实际上也就是所谓教育救国和科学救国。另外一个现实的考虑是：当时印度的科学研究机构极少，虽也有一个名为"亚细亚学会"的科学组织，但都为英国人所把持，印度人无缘问津。西尔卡的梦想是建立起一个民间科学机构，向印度人传播科学知识并专供印度人进行科学研究用，他心目中的模型是伦敦皇家学会和英国科学促进会。为此他奔走呼吁达数十年之久，最终获得了印度人包括一些著名人士的广泛支持，并筹集到了一大笔资金。但这个计划的真正实现还得等到一位开明的孟加拉总督上任之后。这个机构于 1878 年正式成立，被命名为"印度科学培育协会"，里面设有演讲厅和实验室。这个协会在举办较高水准的科学讲座和向大众普及科学知识方面还算差强人意，但在科学研究方面一直没有太大的起色，最主要的原因是找不到合适的研究者人选。可惜西尔卡先生没能等到拉曼的到来，他带着壮志未酬的遗憾于 1904 年去世了。

拉曼事先并不知道有这个协会存在，他是在上班的途中从电车的窗子往外眺望时瞥见了协会的招牌，于是他在下班后敲开了协会的大门。开门的人是德伊，他在此后的四分之一世纪中成为拉曼最得力的助手之一。拉曼在里面看到一间布满灰尘的实验室，还有一些简陋的仪器，这些正是他梦寐以求的东西。经与有关工作人员接洽后，拉曼最后见到了协会的现任主持人，也是西尔卡先生的侄子阿姆雷特·莱尔·西尔卡。他张开双臂欢迎了拉曼的到来，他说：

这么多年来我们一直就在等待着像你这样的人！

拉曼获得了特殊许可，可以在任何时间使用协会的实验室和仪器设备。从此，他过上了一种双重生活。拉曼夫人曾提供了一份拉曼每天活动的时间表：早晨 5：30 去协会的实验室，上午 9：45 回家洗漱用餐，然后去财政部上班，下午 5 点下班后直接去实验室，晚上 9：30—10：00 回家休息；遇到星期天，则全天都泡在实验室。这种生活安排对一个年仅 20 来岁的人来说，实在是太单调乏味了，但拉曼除短期被财政部派往外地出差外，从未间断过。他后来在科学研究上取得辉煌成就，不光是因为先天的因素，可能主要还是因为后天的勤奋所致。"印度科学培育协会"由于拉曼的加入，在短短的几年里也开始名声大振，一跃而成为印度顶尖的科学研究机构之一。

拉曼这段时期的研究兴趣主要集中于声学方面,对音乐的热爱使他决定将科学研究和"艺术家的愉快"结合起来。他深入探讨了弦振动问题,还特别关注小提琴和印度鼓的声学机理,10年当中发表了30多篇论文,这些论文基本上来源于他个人的观察和感受,在某种程度上游离于当时科学发展的主流之外。有趣的是,拉曼对科学研究工作的沉迷并没有影响到他在财政部出色地履行自己的职责,在他后来即将离开财政部,去从事专业科学研究时,该部部长发出了"我们将失去最好的工作人员"的感慨。

1917年,当时的印度政府从加尔各答迁往德里,拉曼个人也经历了他一生中的一次重要转折。由于他在财政部供职期间,坚持业余科学研究,并取得了令人瞩目的成绩,这一切给加尔各答大学副校长穆克伊留下深刻的印象。于是在他的斡旋下,拉曼被聘为该校理学院新设立的"帕里特物理学讲席"教授。这个讲席是以私人捐献基金为基础设立的,是物理学专业的首席教授职位。但拉曼之所以接受这个职位完全是出于便利科学研究的考虑,若从经济的角度看,新职位的薪金只及原来的一半。此外,他已有被提升到最高阶层的趋势,所以是很得不偿失的。朋友们都替他感到惋惜,认为他的最好选择是当一个不失风雅的业余科学家。可拉曼本人决心已定,他只提出了一个条件:不去英国接受所谓就职培训。因为按该校的规定,没有国外学历的人要担任重要教职,必须再进行一次培训。拉曼拒绝了这个有点歧视意味的规定,最终以土生土长的资历担任了帕里特教授。从此,他可以全身心地投入到科学工作中去。虽然他可以不再为财政部的责任分心，但仍处于两面作战的境地：一条战线在大学，他既要教书，又要指导实验；另一条在印度科学培育协会，他自己的研究仍在协会的实验室里进行。许多当年的学生回忆起对拉曼最初的突出印象时，都会提及他常常像冲锋似的走进教室上课的情形。拉曼在此任教达16年（1917—1933）之久，可以说，他一生中的大部分重要研究工作就是这一时期在这个地方完成的。另外，加尔各答大学理学院物理系在此前后会聚起一批崭露头角的年轻物理学家：如S. K. 班纳桀、M. 萨哈、S. N. 玻色、S. K. 米特拉、S. N. 巴素等人，他们不断在欧洲权威刊物上发表论文，逐渐让外界意识到加尔各答大学作为一个新兴科学研究机构的存在，而拉曼是这个群体的核心人物。

三、大海的颜色

拉曼成为专业科学家和大学教授后一个显著优越性，就是吸引来了一批年轻学生在自己的周围，这样他就不但可以继续个人所感兴趣的研究课题，而且可以开辟一些新的诸如晶体光学特性、电磁学和X射线衍射等更广泛的研究领域。加尔各答大学增加了博士学位课程之后，拉曼又成为第一批可以指导博士研究生的导师，但他本人却没有博士头衔，如果这种头衔只是表明一种能力，那么拉曼已不需要它了。尽管如此，加尔各答大学还是于1921年授予他荣誉博士学位。

1919年，小西尔卡先生不幸去世，拉曼立刻被选为继任者，担当起印度科学培育协会执行主任的重任。他的职责是每年向协会董事会提交两份工作报告：一份是科研工作总结，另一份是行政和财政工作总结。研究报告是拉曼的专长，自然不在话下，但另一份却常常难倒拉曼，症结倒不在报告本身，而是实际所涉及的财政问题：科研经费永远是不宽裕的。拉曼想出了很多办法来解决这种捉襟见肘的窘况，他利用协会所出版的研究简报与世界各地许多协会和学术团体建立起交换关系，也与各国许多著名大学建立了这种关系，这样既弥补了协会无钱买书和订阅大量杂志的缺陷，又能及时获得研究信息，甚至是还没有发布的最新动态。

拉曼在科学研究上的杰出表现，引起了国际科学界的注意，1921年他应邀代表加尔各答大学出席了在英国牛津举行的不列颠大学年会，已33岁的拉曼第一次载誉跨出国门。在英国期间，拉曼在皇家学会做了关于弦仪器理论的学术报告，获得极大的成功。他还会见了若干大名鼎鼎的英国物理学家，如J. J. 汤姆孙、卢瑟福、布拉格等，自觉受益匪浅。拉曼在伦敦参观时，对斯特·保罗教堂的低声走廊印象极深，后来写过3篇有关这类走廊的论文。

在游览了几个欧洲国家之后，拉曼取道地中海返回印度。途中，水天一色、蔚蓝苍茫的大海深深地震撼了他的心灵，此前在瑞士访问时所看到的蓝色冰川也曾给他留下难以忘怀的印象，他突然对海水为什么是蓝色这个问题产生了浓厚的兴趣，他甚至等不到回国，就开始在轮船上着手探索起这个奥秘来。这是他进行可见光散射问题研究的开始，也可以说是日后发现拉曼效应的契机。

英国物理学家瑞利曾用太阳光被大气分子散射的理论解释过天空的颜色，他认为散射后的蓝色光比红色光要多，或者说红色光大部分被吸收，蓝色光大部分被散射，所以天空一般呈蓝色。瑞利在进一步研究海水的颜色机理时，认为水分子比较密集，因而入射光较少产生散射，他还认为海水本身并没有什么颜色，其看上去之所以呈蓝色，是因为它反射了天空的颜色。瑞利还给出海水颜色的另一个可能的起因，即水对光线的吸收作用，他写道：

> 如果某种液体绝对透明，但含有悬浮于其中的微小颗粒的话，那么它将弥散蓝色性质的光。

拉曼认为瑞利的解释很难令人信服，他先后在《自然》杂志和《皇家学会会报》发表数篇文章，用实验和理论分析证明：水分子将太阳光散射从而使海水呈现蓝色的机理，完全与大气分子散射阳光使天空呈现蓝色的机理相同。他的理论解释引用了所谓爱因斯坦－斯莫卢霍夫斯基涨落理论，在实验方面，他通过观察光线穿过纯净水、冰块等材料时的散射情况获得了大量证据，最后不但证明了自己的观点是正确的，而且还通过与他人合作，推广了爱因斯坦－斯莫卢霍夫斯基理论。

关于这段经历，拉曼在诺贝尔奖的颁奖仪式上的演讲中有过生动的描述：

> 1921年夏，我到欧洲的航行使我有机会第一次看到地中海的美丽蓝色之光，这种现象似乎很像是由于阳光被水分子散射引起的。为了检验这种解释，最好是找到光在液

体中漫射所遵循的规律。1921年9月我返回加尔各答后，立刻开始了这个课题的实验，并且很快就了解到，这个课题的意义远远超出了我工作的特定目的，对它的研究打开了非常广阔的领域。的确，研究光的散射，看来可以把人们带到深奥的物理化学问题中去。正是这个信念使这个课题成了我们后来在加尔各答活动的主题。

整个1920年代是拉曼科学研究生涯的巅峰时期，他实际上同时在许多领域里驰骋，特别是声学和光学。声学可说是拉曼个人兴趣所在的传统领域，拉曼之所以于1924年被英国皇家学会选为会员，就是因为他在声学领域里的不凡表现。在拉曼之前，声学只建立了理想弦振动的线性理论，拉曼在弦振动的激发、固结点的运动以及联结弦的运动与小提琴琴身的桥效应等方面的理论和实验研究，都有独到之处，为经典声学增添了不少现代内容。此外，他对钢琴、印度鼓等乐器的振动模式也进行过深入研究。他的论文《乐器和它的音调》曾被收入盖革和施尔主编的权威性著作《物理学手册》中。

拉曼是第四个被推举为皇家学会会员的印度人，此后有个故事被流传开来，说的是，在他获得这个荣誉时，人们纷纷向他表示祝贺，并问下一个会是什么，拉曼答道："当然应该是诺贝尔奖金。"这个故事也许不可全信，但它的确生动地反映出拉曼十分自信的个性特点。他在成为有国际影响的科学家之后，与外界的交流更加频繁。1924年他出席了在英国举行的全英科学促进会年会，之后渡过大西洋，先访问了加拿大的多伦多，然后去美国参加富兰克林研究所成立100周年庆典，接着应密立根的邀请，作为客座教授赴加州理工学院讲学四个月。这对他不仅是一次交流的机会，而且是一个极大的荣誉，因为密立根此前邀请过的三位讲座人分别是索末菲、洛伦兹和爱因斯坦。拉曼在美国期间，与美国的科学界进行了大量的接触，特别是他与刚刚完成一项新发现的康普顿过从甚密，这对他后来发现新效应恐怕有比较直接的影响。

在两人交往之初还发生过一个小插曲：康普顿头一天先去拉曼工作的实验室拜访了他，并邀请他第二天去自己家共进午餐。第二天，当拉曼如约造访时，为他开门的是个白人女佣，她一看见拉曼就惊呼道：

啊！我的上帝，是个黑人！

这一举动深深刺激了拉曼，跟在女佣后边的康普顿飞一般地冲出门外，窘迫地向拉曼连连道歉赔不是。拉曼对康普顿个人当然不会有什么芥蒂，但这件事长久地留在了他的记忆中。

在他结束这次长时间的旅行返回印度后不久，于1925年初，又应邀前往苏联，参加俄罗斯科学院建院200周年纪念典礼。这些旅行既让世界认识了拉曼以及他所代表的印度科学家，也更大地开阔了拉曼自己的眼界，他深感应进一步加强印度的科学体制化。为此，作为创始人之一，拉曼积极推动建立了印度的最高科学咨询组织"印度科学会议"。这个组织于1924年成立，在印度的科学发展中发挥了重要的作用。1926年,拉曼又创办了印度的第一份物理学专业杂志《印度物理学杂志》,并多年担任该杂志的主编。可以这么说,在印度早期的现代科学研究、教育和体制化活动中,拉曼扮演了一个无可替换的角色。

四、发现拉曼效应

拉曼效应简单地讲(当然用量子理论阐述它的机理还是比较复杂的)是这样一种现象:假设有一束频率为 v 的光线入射到某种介质(固体、液体或气体)中,除一部分被吸收外,其余的光线将被该介质的分子散射,散射线有两种情况:其一是散射后频率保持不变,仍为 v,因而光线的颜色也保持不变,这种过程通常称为瑞利散射;其二是散射线的频率变化为 v',颜色也有一定的改变,这就是所谓拉曼散射。为什么在拉曼之前没人能发现这种现象,是因为拉曼散射是一种相当微弱的效应,要观察到它的确非常困难。现在通常使用较强的激光光源,用带有高倍聚光镜的分光计,还有精密的检波器才能进行拉曼光谱的研究。当时而言,一套拉曼光谱学的实验设备价值至少要上万美元。令人惊叹不已的是,拉曼只利用了一些十分简陋的仪器,如他的光源是自然光源(太阳光),当然后来也用过简单的水银灯加聚光透镜作光源,小型老式分光计、滤色镜(或称滤波器),没有专门的检波器,只能用人的肉眼作检波器,这些全部加起来价值不过几十美元,就完成了拉曼效应的发现,这不能不说是个奇迹。

如前所述,拉曼进行可见光研究所取得的第一项成果,是于

1921—1922年发展起来的用以解释海水颜色的分子散射理论及相关的实验方法。随后,拉曼和他的助手曾发现一种荧光效应,当时他们用太阳光作光源,观察它穿过蒸馏水的散射线,他们发现,若在入射线的光路中放置一个紫色滤色镜,则射出的散射线退极化现象明显增加,然后他们进一步观察可见光被多种物质,特别是一些液体散射的情况,结果观察到一种较通常的散射线波长有微弱变化的二次射线,这大约是在1924年,他们当时将此种微弱射线归结为某种"荧光"现象。在此期间,康普顿发现X射线散射新效应的论文发表了。拉曼又于当年游学美国,有机会与康普顿当面切磋他的新发现,这对拉曼拓宽思路,引发某种联想是有很大帮助的。

拉曼与他的助手对他们所发现的"荧光"现象不敢轻易下什么结论,这是因为这种二次射线太微弱了,要对它进行任何深入研究,首先得把它提纯和分离出来。拉曼及其助手经过长时间的努力,逐渐找到了把这种"荧光"效应分离出来的实验手段。他们是这样进行的:用实验室屋顶上的定日镜把太阳光送进实验室,经会聚后入射到实验样品(液体或固体材料)上,在入射和出射光路中分别放置一对互补滤色镜(他们常用的是一对蓝-紫和绿色滤镜)。拉曼发现:穿过样品的蓝色散射光,经过绿色滤镜后并未完全消失,还能观察到一点相当暗淡的光线。按照实验设置的特性,可以认定这种射线的波长应不同于入射的蓝光,但可以把它解释为由于样品中含有某些杂质,从而激发出的荧光。这种解释后来被否定了,因为经过大量实验,拉曼发现:(1)该现象在80多种不同的经过精心提纯的液体样品中无一例外地存在着,这些样品不会都含有杂质；（2）特别是在丙三醇（甘油）样品的实验中，不但这种现象较为明显，而且最后的出射线已被极化，成了完全不同于自然光的偏振光。这就说明原来以为是荧光的射线实际上是一种特殊的二次辐射，并且这种效应是一种普遍的效应，拉曼和助手们当时将它命名为"分子散射"，这是基于他们将此现象与克拉默斯－海森伯色散理论相联系。他们用了5年多时间进行这项研究。真正的突破发生在1928年2月，而且只用了几天，应了那句水到渠成的老话。1928年2月16日，拉曼给《自然》杂志发出了第一封短札，简要地描述了这项新发现及其实验和理论解释，这封短札于发出后的第44天正式发表。现在已经知道，拉曼关于这一课题的头三篇论文都是用电报的形式发往《自然》杂志的，[1]这证明他既清楚地意识到这项发现的重大意义，同时对发现的优先权问题也相当重视，后来的事实证明他的这番苦心不无道理。

  拉曼随后改进了实验装置，他让助手把光源换成一台石英水银灯，这种灯光源强度较大，且特征谱线较少，从而增加了入射线的单色性和出射线的清晰度。在对苯液体样品的实验中，拉曼再次验证了从前边的实验中所发现的异常散射效应。这一次（1928年2月29日），拉曼将这一发现通知了加尔各答的一家报社，该报社立刻以新闻的方式将此消息公布于众。此后，拉曼又利用具有较高分辨率的石英棱镜摄谱仪把散射光谱拍摄下来，从这些照片可以清楚地

---

[1] 拉曼的第一封电报发于1928年2月16日，第三封发于3月22日，相隔只有36天；而这三篇短文在《自然》上发表的间隔恰好都是44天，可谓奇矣！

看到散射线频率（或波长）的变化（包括频率的减小和增大两种情况），并可以测量这种微弱的谱线位移。测量表明：这些位移符合分子的振动频率。这时拉曼又认识到：在发生此效应的过程中，有时入射光量子的部分能量被用于激发分子振动能级向高能态跃迁，结果使得散射光量子的能量比入射时有所减少；有时又会发生相反的情况，分子从高能态向低能态跃迁，把能量传给入射光，使散射线能量有所增加。这便是效应发生的简单机理。

1928年3月16日，拉曼在班加罗尔举行的"南印度科学协会"成立大会上，详细地报告了他的发现及其理论解释，报告的题目为《一种新的辐射》。报告中，他除描述新辐射的主要特点外，还采用量子理论给予这个效应以恰当的解释。他指出，克拉默斯－海森伯色散理论可以适用于这种现象的解释：入射光量子的一部分被散射物质的分子吸收了，其余部分则被散射，散射可分为正常和反常两部分，正常散射是瑞利散射，反常散射即是新发现的辐射之一种，其机理与康普顿效应相似；新辐射中能量增大的部分，是因为一开始散射物质被吸收的那些能量有时又会再传给入射的光量子，使其在散射后能量增加，从而频率增大（波长变短）。这个报告的全文于当月底发表在《印度物理学杂志》上。但由于该刊物当时创办伊始，影响不大，发行量也很小，所以拉曼另将此文的单行本打印了2000份，分发给世界各地的领衔物理学家和若干重要研究机构。至此，发现拉曼效应的过程大致告一段落。

上面提到拉曼三次用电报把他的发现报告给《自然》杂志，是出于对优先权的考虑，这确实不是杞人忧天。事实上，早在1923

年，奥地利物理学家斯梅卡尔就曾预言过通过观察散射光来检测分子振动迁移的可能性。几乎与拉曼同时，巴黎的物理学家罗卡甚至已经进行过有关光散射的理论研究，并在某种程度上预言了"拉曼效应"的存在，只是因为缺乏实验证据，才推迟了论文的发表。罗卡的同事卡班斯曾试图观察这一效应，但没能成功，原因是他选择了气体当实验品，而气体分子太稀疏了，散射作用十分微弱，用肉眼根本看不到。后来，当拉曼的前两篇短文发表后，罗卡和卡班斯轻车熟路，立刻就得到了预期的结果。此外，在莫斯科，苏联物理学家兰茨贝格也于同时期独立地发现了拉曼效应，但他们没有立刻意识到这种效应的重要性和普遍性，没有对效应表现最显著的液体物质进行验证，他们的结果仅来源于对石英晶体材料的单一研究，而且他们的论文发表日期也晚于拉曼的文章。所以，最后的优先权归于印度人拉曼。

拉曼的新发现很快传遍了全世界，引起国际科学界的广泛关注和高度评价，英国皇家学会将之称为"二十年代实验物理学中最卓越的三四个发现之一"。美国光谱学权威伍德写道：

> 拉曼教授辉煌而惊人的发现，为分子结构的研究开辟了一个全新的领域。……显然，这个非常美妙的发现是拉曼长期潜心研究光散射的结果，它是光量子理论最有力的证据之一。

众所周知，20世纪初，随着普朗克光量子假说的出现和爱因斯坦对此概念的进一步阐述，200多年前牛顿关于光的粒子性学说又开始复活。1924年康普顿效应的发现，海森伯于1925年预言在可见光中可能也会有类似的效应存在。但拉曼是在这个预言之前就已开始光散射研究的，并最终得到确凿的结论。发现拉曼效应的意义，正如前文已提及的伍德的评价：它是继康普顿效应之后，又一个光量子理论的有力实验证据。

拉曼本人一开始只简单地把这个发现称为"一种新辐射"，此后有一位英国物理学家普林舍姆写了一篇介绍文章，提议将这个发现称为"拉曼效应"，而把效应产生的新谱线叫做"拉曼光谱"，这一命名很快被各国科学家所接受。[1]

拉曼效应在研究分子结构和化学成分方面的重大作用很快就被人们认识到了。在效应发现之前，分子振动能谱和转动能谱的测量，是采用红外区的吸收来进行的，这种测量相当困难，当时全世界只有几个装备精良的实验室能开展此类研究。大多数光谱学家亟需一种更便利的方法来开展这一领域的工作，拉曼效应的发现正好满足了这个需要。利用拉曼光谱，可以把红外区的分子能谱移到可见光区进行观测，从而使一般实验室都能问津分子能谱的研究。据统计，1928年，即拉曼公布其发现的当年，就有58篇与拉曼效应有关的论文发表；第二年，这个数目增加到175篇。在效应发现后的头十年中，有关此课题的论文总数超过了2000篇，所研究的各种

---

[1] 当时只有苏联科学界未采用此命名，而称之为"光的复合散射"，一直沿用到1970年代。

化合物多达 2500 余种。1962 年，由于激光技术的问世，拉曼效应的研究获得了单色性极好、方向性强和功率很大的理想光源，从此拉曼光谱更成为一门用途广泛的权威性技术，例如，在 1977—1982 年的五年当中，《化学文摘》上标题中有"拉曼"一词的论文共计 10384 篇，拉曼光谱研究的重要性和广泛性由此可见一斑。

由于这项发现，拉曼于 1930 年被授予诺贝尔物理学奖。获奖消息是加尔各答一家新闻机构用电话通知拉曼的，当时拉曼正在实验室工作。他的一名学生接了电话后，激动地冲进实验室向他报告了这个消息。拉曼的反应相当平静，他只问道：

是我独享，还是必须与陌生人分享？

当然，拉曼是唯一获奖人。

五、后期的工作与生活

印度现代物理学史上的两位巨人，一位是拉曼，一位是萨哈。拉曼是南方人，萨哈是北方人，两人曾在加尔各答大学共过事。也许是地域或宗教方面的原因，两人在 1930 年代失和。30 年代中叶，拉曼离开加尔各答前往南方的班加罗尔，而萨哈则很快从安拉阿巴德返回加尔各答接替了拉曼的位置。拉曼去南方的目的，一是出任由一个富商出资创办的印度科学研究所所长之职，另一个目的是为筹建印度科学院做些准备，因为萨哈已于此前在北方邦创建了一个国家科学院。这两个机构名称相近，里面不无对抗的意味。当然，有人认为这对印度物理学的发展也许不是一件坏事，因为从此印度的物理学研究在某种程度上分成了两个派别，并形成类似相互竞争的态势。

拉曼在班加罗尔开展了新领域的研究工作，他与奈斯合作，探索过超声波在液体中引起的散射现象，还积极参与晶格力学方面的研究。当然他出于个人兴趣的某些研究也一直没有间断过，例如，他研究鸟的羽毛、贝壳、肥皂泡和古旧眼镜等物体的颜色和光谱，晚年甚至还包括鲜花的光谱。

作为所长，拉曼有一项重要职责，就是为研究所延揽合格的人才。他在做这件事时，不但注意印度国内的后起之秀，如聘任了巴巴和奈斯等人，还把眼光投向国外。1930年代初，希特勒在德国推行排犹政策，许多犹太科学家被迫背井离乡，拉曼感觉这是网罗一流科学家的好机会。他写信给当时已流亡到英国剑桥的玻恩，建议他帮忙提供一份德国杰出犹太物理学家的名单，说如果这些人有意来印度工作的话，可以安排正式聘任。但玻恩以对班加罗尔的条件不了解为由，拒绝了拉曼的提议。但他本人却接受了拉曼的邀请，于1935年秋天到达印度。玻恩这样描述他对拉曼的印象：

> 我们从一开始就喜欢上了拉曼夫人，她丈夫是几天后才露面的。与他的会面和交谈令人兴奋，海蒂（玻恩夫人）说他身着印度服装、顶戴头巾的模样，看上去简直像是一位《天方夜谭》中的王子。

对于聘任外国科学家来印工作的举措，拉曼有更深一层的考虑。他认为：过去的通常做法，是送年轻人到外国学习，这些人慢慢习惯了国外科学研究的氛围和优越的实验室条件，当他们回到印度之后，反而有点格格不入，不太适应本地的科研环境了。这样的效果远不如邀请国外高水平的科学家来印度访问讲学并结合这里的具体条件指导学生来得好。所以，他筹措资金，积极与国外科学家接触，为此做了很多努力，也取得了一定的成效，除玻恩外，还有一些欧美科学家来印讲学。

1943年，印度科学院获得了一大块政府拨给的位于班加罗尔近郊的土地。拉曼利用这块土地建起了一个新的研究机构——拉曼研究所，该所于1948年落成，拉曼任第一任所长。就在此前不久，印度已从英国的殖民统治下独立出来，拉曼被新政府授予"国家教授"职称。

1950年代，由于对晶格力学的涉猎，拉曼的研究兴趣集中在考察矿物和宝石的光学性质方面。事实上，他当年获得诺贝尔奖金之后，将这笔钱的大部分用来购买了一批钻石和其他宝石，用于对它们进行拉曼光谱的研究，现在他又回到这个课题上来。他专门设计了一些实验装置，研究拉长石系列矿物，这类矿物常有红、蓝、绿等彩晕，其中珍品便是各色宝石，从不同角度观察，其色彩会有变化，例如可以从孔雀蓝变为祖母绿，再变为金黄，等等。拉曼为这类现象找到了合理的解释：这种现象是由矿石的拉米拉结构（层状或板状结构）中各种化学成分的混合引起的。他认为月亮宝石的席勒效应（一种闪光效应）也出于类似原因，都是各组分的双折射所致，他也用同样的办法检测过蛋白石和珍珠等物质。

到1960年代，拉曼又对颜色的视觉问题产生兴趣，1968年，当他80寿辰时，以《视觉生理学》为题，将历年所撰写的几十篇关于颜色视觉的论文结集出版，这是他生前出版的最后一部著作。

拉曼晚年身体状况一直良好，始终坚持研究工作和其他的社会活动，甚至在他去世的一个多月前，他还在拉曼研究所的报告厅向公众做过题为《听觉理论》的学术演讲。1970年11月21日这位印度科学一代宗师在班加罗尔寿终正寝，享年82岁。

拉曼一生获得过数不清的荣誉，除诺贝尔奖、美国富兰克林奖、英国皇家学会的休斯奖、苏联列宁奖等各种奖金奖章外，他还被许多国家的科学机构和团体选为会员或荣誉会员。特别值得一提的是，1936年，刚成立不久的中国物理学会在吴有训的提议下，推举拉曼为该会的荣誉会员，这是中国物理学会第一次开展此类活动。

作为一个普通人，拉曼很有个性，虽然有时有些自负，但待人率直诚恳。他朴实的谈吐、从不哗众取宠的作风给接触过他的人留下了深刻的印象。犹如诗人泰戈尔所言：

> 他是有福的，因为他的名望并没有比他的真实更光亮。

作为实验物理学家，拉曼更趋向古典和自然，他经常向人表示：大自然就是他的实验室，发现拉曼效应就始于对大海颜色的探索，其他研究对象，如乐器、宝石和鲜花等，无不与大自然密切相关。这一点是他与印度的另一位物理学大师萨哈十分不同的地方。当然,他并非忽视国际物理学发展的动向,例如,他曾努力促成一些西方国家一流物理学家访印,以便了解物理学的最新发展情况。但就他的个人兴趣和天性而言,他更喜好纯自然的东西。拉曼能在简单的条件下,创造出不简单的成就,完全归于他对科学的挚爱和踏实的科学态度,当然,还有他用自己的一生作证明的那种:

胜利的精神,在阳光下把我们带到正确地方的精神,以及作为一个文明古国的后裔,必须而且必然在这个行星上找到我们正确位置的精神。

(作者:王大明　郭振华)

拉马努金
印度的奇才数学家

拉马努金

(Srinivasa Aaiyangar Ramanujan, 1887—1920)

希尔伯特的名字在数学界是家喻户晓的。1900年8月6日,他在第二届国际数学家代表大会上向数学界提出了著名的23个数学问题,成为世界数学史上的重要里程碑,为20世纪的数学发展揭开了崭新的一页。可是,若问拉马努金是一个什么样的人物,就很少有人能回答了。事实上,他是20世纪少有的印度奇才数学家,其数学才能并不亚于希尔伯特。正如英国剑桥分析学派的奠基人哈代所评价的那样:

> 如果按照严格的数学标准来衡量一个数学家的才能,我只能得25分,利特尔伍德得30分,希尔伯特得80分,而拉马努金得100分。

但由于他的不幸早逝,其巨大数学潜能没有充分发挥出来。本文将对他的生平、思想及数学成就进行介绍,也许会对我们有所启示。

一、童年和少年时代

拉马努金1887年12月22日出生于印度马德拉斯省所属坦乔尔县的一个中型镇——贡伯戈纳姆附近埃罗德村的一个没落的婆罗门

家庭，该镇现以庙宇著称于世。他父亲在当地一家薪水微薄的零售布店当会计，母亲无固定职业，只能在家中做些杂务活儿，他的所有亲戚尽管种姓也很高，但却很贫穷。

7岁时他被送到贡伯戈纳姆中学，在那儿一读就是9年。在10岁前他就显示了非凡的数学天赋，凭着自己的才气算出了地球赤道的长度。12岁时他就自学了数学家龙内所著的《平面三角学》。该书于1894年在剑桥出版，内容包括复数对数、格雷戈里级数、π值计算、级数求和与展开等知识。当他读后不久就独立发现了欧拉公式，可后来从书中第二卷得知这是个已知结果时，心中十分遗憾，只能默默地把这个结果珍藏在自己心中。

真正打开拉马努金数学心灵之门的钥匙是另一位业余数学家卡尔的著作《纯粹和应用数学基本结果概要》（后面简称《概要》），那年他正好15岁。

有关卡尔的生平现在所知甚少，他原是伦敦的一名私人教师，大约40岁时到了剑桥，后成为冈维尔和凯斯学院的学者。1880年和1886年先后出版了《概要》两卷书，现在几乎找不到了。但剑桥大学的图书馆中珍藏着一本，贡伯戈纳姆大学图书馆中也有一本，拉马努金的朋友帮他借到了。这本书无论如何都不算是一本好书，但也不是三流的书，而是一本以真正的学者身份写成的具有自身风格和特点的书。它深深地影响了拉马努金，而拉马努金也使这本书出了名。据哈代推测，这本书可能是卡尔备课笔记的概要，内容包含了A级考试课程，6165条定理，附有的证明通常只是相互参照的条目，这也正是这本书最显著的特点。书中大部分公式都被拉马努金推广了，且对推广的公式也毫无证明。由此可推断，拉马努金所展示的数学观点和方法一定来源于卡尔。

卡尔的书中有些章节讨论代数、三角学、微积分和解析几何等常见的课程，但书中却只字未提数论，而拉马努金在这方面却做出了惊人的成就。从这方面看，拉马努金的一些数学观点和方法又不是来自卡尔。

总之，卡尔是这个具有不同寻常天赋孩子的有力鼓舞者，是他的智慧火花迸发的燧金石，对他的数学成就起了重要的推动作用。

拉马努金喜欢独处静思，尤其喜欢心算，并对数字有超常的记忆力，他能记住 π 小数点后的很多数字。1903 年 12 月，他通过了马德拉斯大学的入学考试，翌年进入贡伯戈纳姆公立大学的初级文科班。这所大学有较高的学术水平，且坐落在高韦里河旁，与剑桥大学很相似，素有"南印度剑桥"的美称。拉马努金当年就获得了该校的苏布拉马尼亚姆奖学金，这一奖学金通常授予在英语和数学方面双科兼优的学生，足见他当时的数学才能在当地是多么的出类拔萃。

二、不太幸运的天才

拉马努金对数学的过分迷恋，导致后来一系列不幸事件接连发生。他因把学习其他课程的时间都花费在数学上，最后考试以失败告终，未能升入高级班，随后奖学金也中断了。考试的失意，再加上朋友的影响，他逃到北部的泰卢固小镇上躲藏了起来，时隔不久，又返回原学校。因为缺课，1905 年未得到学期毕业证，1906

年，他到了马德拉斯的帕凯亚帕学院学习，因中途生病又回到贡伯戈纳姆。1907年12月，他以个人学生身份参加美术考试而未能通过。

他的父母因他在学习上的失败而改变了态度，决定让他挣钱养家。于是拉马努金开始做私人教师教数学，但他那奇特的思维方式和教学方法使他的学生难以接受，很快就没人来听课了。此时，唯一能使拉马努金在孤独中得到安慰的是对数学的研究，没有人能理解他的工作，他所得到的成果已远远超过了当时印度所能找到的任何一本数学书。他头脑中不仅充满了对数的各种设想，而且拼命并狂热地分解、计算它们。他经常把得到的结果藏在帆布床上，以躲避父母对他的惩罚。

为使自己的儿子回到现实中来，按照印度的习俗，1909年父母为22岁的拉马努金定下了一门亲事，并很快举行了婚礼。新娘是一位比他小12岁的小女孩，名叫贾娜凯。两人婚后经常分居，只是偶尔生活在一起。事实上，在长达11年的婚姻生活中，两人在一起的时间不足3年。

为养家糊口，拉马努金需要寻找一份稳定的工作，但由于大学的糟糕经历，找工作对他而言十分困难。大约在1910年，他请求一位较有影响力的朋友艾亚尔帮助，艾亚尔曾是印度数学会的奠基人，他为拉马努金找了一份临时秘书工作。数月后，拉马努金又被引见给一位喜欢数学的税收官拉奥，他是一位业余数学家，很欣赏拉马努金的数学才能，后来在其传记中描述初见拉马努金的印象时道：

他身材矮小，满脸胡须，不修边幅，但有一颗聪明的大脑袋，一双有神的大眼睛，不管他走到哪里，腋下总夹着一本破旧的笔记本。他实际比较贫穷，当他打开笔记本给我讲述他的发现时，我立刻感受到了一些非同寻常的东西，但我以现有的水平不能辨别出他讲的究竟是对的还是错的。我让他再讲一遍，他这样做了，不一会儿，他探测出了我的无知，于是向我讲述了一些简单结果，慢慢地，他把我引向了椭圆积分和超几何级数。最后，他把发散级数的理论也教给了我。我问他要求什么，他说仅要一点食物以求温饱，以便使他能做更进一步的研究。

拉奥认为，做秘书工作不是摆脱困境的长久之计。1912年3月，他把拉马努金带到了马德拉斯，成为该地港务局办公室的一名正式职员，年薪约30英镑，此外，拉奥还发给了他一段时间的津帖。这样，拉马努金的温饱问题总算基本解决了，他可以专心从事数学研究了，此时他已经25岁了。

25岁前对一个数学家的生涯而言绝对是一个关键阶段，历史上无数大数学家都是在此时做出卓越的贡献，但拉马努金却因对数学的过分执着而失去受正规教育的机会，因生活的极度贫困而不得不把时间花费在养家糊口上。这位天才的数学思想因此被耽误了，其数学潜能再也没有充分发挥出来，这不仅是印度数学史上，也是世界数学史上的重大损失。

1911年拉马努金在印度数学会杂志上发表了第一篇论文《关

于伯努利数的一些性质》，1912年他超常的数学才能才渐渐为人们所理解。在此之前，他的所有发现都记在两个破损的笔记本上，第一个笔记本记录了他的最初发现，共有134页16章，外加80多页的零散手稿。后来，他把第一个笔记本加以整理，得到第二本，共225页21章，另加100页的新结果，约有120条公式，主要包括无穷级数、椭圆积分和无穷乘积等方面的内容。

对拉马努金此时的成就众人评价不一，但他的著作影响着数学的现在和未来是无庸置疑的，其深奥性和独特的创造性也令人交口称赞，只因缺乏严格的逻辑证明而让后人难于理解，否则，这些著作的影响力要比现在大得多。假设拉马努金在早年时能受到正规教育的话，他一定会成为一位更伟大的数学家，发现的东西比现在会更多、更重要。对拉马努金而言，25岁之前接受的教育和各种生活上的遭遇，使他失去的比得到的要多得多。

三、千里马巧遇伯乐

由于印度当时的数学水平不高，国内几乎没有人能读懂拉马努金的著作。于是，他的朋友艾亚尔极力主张他把研究成果寄给英国著名数学家，最初的两位都没有回音。1913年2月16日，他再次鼓起勇气写信给第三位数学家——哈代，在信中介绍了自己的身份后，他这样写道：

最近我读了您的一篇文章，是关于无限大阶的，在第36页上，我发现迄今没有一个确定的表达式能给出不大于一个给定常数的素数个数。我找到一个公式非常接近于真实的结果，误差可以忽略，我恳求您能过目附上的论文，如果您确信有价值，我希望这些定理能发表……

拉马努金附上的结果实际上是没有证明的 120 条公式，哈代立刻被深深地感动了，后来他在回忆看到这封信的心情时说：

我从未看到如此多的公式，但内行人一看就知道是出自高水平的大数学家之手，且它们一定也是正确的，否则，没有人会有如此的想象力来捏造出这么多公式来。

哈代收到这封信后，像从乱石中发现了一颗珍珠，于是立刻写信邀请拉马努金到剑桥工作，但拉马努金的母亲坚决反对，并且他自己也有些犹豫。因他出身于婆罗门种姓家族，按照规定，穿越海洋就意味着背叛家族，当再次回到家时必遭排斥。此外，由于拉马努金在国内已小有名气，1913 年 5 月，马德拉斯大学授予他每月 75 卢比为时两年的研究基金。这使他的生活已经比较宽裕，可以满足他整天在数学的王国里自由翱翔的愿望，而不必再为生活奔波了。因此，拉马努金没有接受哈代让他去剑桥工作的邀请。

哈代十分失望并继续写信劝说。当哈代的一位同事内维尔去印度马德拉斯演讲时，设法找到了拉马努金并竭力劝说他去英国。这次终于说动了拉马努金，英国的斯普林和沃克先生又帮他申请到了每年 60 英镑的特殊津贴，这对于这位已婚的印度人来说可以过得较为宽裕了。于是，拉马努金克服了等级种姓制度和家庭的反对，于1914年3月17日踏上了前往英国的行程，到剑桥的三一学院访问学习。

哈代仔细研究了拉马努金的工作，发现他在数学知识上的局限性和深奥性同时让人吃惊。一方面，拉马努金可以独立发现 ζ 函数的性质，研究解析数论的尖端问题；另一方面，他对复变函数却只有相当模糊甚至肤浅的认识。更重要的是，他似乎不知道证明为何物，只是得心应手地交替使用论证、直观和归纳。哈代对他进行了适当的引导，结果非常成功，拉马努金的数学才能也因而得到有效发挥。有一个时期，他的创作非常迅速，以至于有时不得不停止工作，因那时出版他论文的伦敦数学会的资金比较短缺。

拉马努金在英国的 5 年所写作的大部分论文，实际上都是在原来基础上加以扩展而来的。他总共发表了 21 篇论文、17 篇注记，多数刊登在伦敦的数学刊物上，也有的发表在法国科学院杂志和德国的数学杂志上。在这些论文中，有 3 篇最具有影响力。第一篇是关于算术函数，文中主要介绍了 τ 函数，并对它的大小作了恰当的估计，这个工作对数论和模形式产生了深远影响。第二篇是关于 n 的素因子范数理论的，是与哈代合作完成的，被认为是概率数论的奠基石。第三篇是关于组合分析中的渐近公式的，也是与哈代合作完成的，被认为是解析数论中最深奥、最有用的方法之一。此方法后来被称为哈代-拉马努金-利特尔伍德方法，也就是通常说的"圆法"。

正当拉马努金的创作处于鼎盛之时，他的身体状况却急剧恶化。1917年秋他因劳累过度病倒了，有的医生给他诊断可能是肺结核，但从化验单中知道不是这种病，究竟是什么病，现在仍是一个谜。后人推测很可能是缺少维生素，因为他是一个严格的素食主义者，且经常工作到忘了吃饭的地步，致使营养严重缺乏，所以这种推断是比较合理的。

因为拉马努金身体不佳，所以医生认为他如果返回故乡的话，那么无论从环境还是饮食上应该都会对他的健康大有好处。但当时英国正处于战争时期，长途旅行十分危险。因此，他不得不暂时留在英国。在他生命的最后两年中，拉马努金被迫往返于医院和学院之间，一边治病一边仍坚持数学研究。他的病情一直没有好转，反而更严重了。但令人惊奇的是他的数学研究却并未受到任何影响，突出表现在对数论的研究上。他能以一种神奇的方式论证各种数的特征，正如利特尔伍德所说：

每一个正整数必定是拉马努金的朋友。

有一次，拉马努金又病倒了，住进了帕特尼医院，哈代乘坐一辆出租车看望他。当他俩谈到出租车的号码时，哈代说：

出租车的号码是1729，对我来说这是个相当平淡无奇的数字，但愿它没有什么不好的兆头。

拉马努金立刻回答：

不，它是个非常有意思的数，是最小的能用两种不同的方式表示成两个立方和的数，即 $1729=12^3+1^3=10^3+9^3$。

仅凭直觉拉马努金就做出了准确判断，这让哈代惊叹不已，也充分显示了拉马努金不同于常人的对数字的敏感，以及他独特的思维风格。

除疾病的折磨外，一些与数学研究相关联的问题也在折磨着拉马努金。他越来越清楚，自己在印度所做的许多工作不过是重复了欧洲数学家已建立的理论，但他已经为此耗费了多少青春岁月！尽管他在英国取得了很多成就，但却不能弥补和追回过去所浪费掉的那些宝贵时光。可能就是这种强烈的失落感和孤独感，使拉马努金经常情绪低落到发狂，甚至发展到有一次纵身跳进了伦敦地铁的铁轨中，幸亏火车及时刹住了，拉马努金才幸免于难，但他被警察局拘留，经过哈代的好说歹说、极力辩解，才使他被释放出来。

拉马努金因为在英国取得了重大成就，1918 年初，他被选为英国皇家学会会员，同年又成为剑桥大学三一学院会员，他是印度第一位同时荣获这两项头衔的人。

1919 年，第一次世界大战结束，国际航班安全通航，拉马努金终于因疾病缠身而被迫回到印度。他的妻子后来回忆说，拉马努金回来的第一句话就说当初应该把她也带到英国去，意思是说如果那时有她在身边照顾的话，他的身体状况也许会好得多。对此有人推测拉马努金十分后悔去英国。他的妻子否认了这一说法，认为拉马努金在英国停留那段时间是他一生中最美好的时光，并对哈代的帮助充满无限感激。他回来后不久，马德拉斯大学就邀请他担任教授，拉马努金却无奈地说：

很遗憾，我的疾病阻止我担任这一职务，等我康复后，我会欣然接受的。

然而就算是故乡的温暖气候和爱人的精心照顾，也没有使拉马努金的病情好转，1920年4月26日他不幸早逝，年仅32岁。

四、主要数学成就

拉马努金一生著述颇丰，成果累累，共发表了37篇论文，还有3个手稿本。他的论文集于1927年出版，手稿本也在1957年以直接影印的方式发行。此外，他最后留下的一些零散手稿已由数学家兰金整理出来公开出版。根据这些著作，可以大致总结出他的数学成就主要涉及数论、无穷级数、代数、分析等方面。

在数论方面，拉马努金因为对数字有超常的洞察力，几乎单枪匹马地重建了数论理论中的许多分支，并推导了许多基本定理和公式，其中比较著名的是建立了计算 π 的精确公式，并由此得到了 π 的近似值。

我们知道，人们对 π 的近似计算是一项悠久的数学传统研究，从古代希腊的阿基米德、中国的刘徽，到近代的牛顿、高斯等都对

π 的近似计算有过比较深入的研究。特别是在电子计算机产生以后，人们对 π 的近似值的精确度和计算速度研究就更加增强了。到 20 世纪末，π 近似值的计算已精确到 64 亿位，到了 2022 年 3 月，谷歌云平台上 π 值的近似计算已达到 100 万亿位。那么，人们对 π 的近似值研究又有何意义呢？一方面，它可用来检验计算机的复杂程度和可靠性；另一方面，追求 π 的更准确值能使数学家发现许多引人入胜的数论新领域，它是智力发展在数学上的一种标志。

拉马努金对 π 的研究工作来自他对模方程的研究。粗略地说，模方程就是以 x 为自变量的函数 $f(x)$ 和以 x 的整数次幂为自变量的同一种函数，如 $f(x^2)$，$f(x^3)$，$f(x^4)$ 之间的三个代数关系式。模方程的阶就是整数次幂的次数。最简单的模方程是 2 阶的：$f(x) = 2\sqrt{f(x^2)} / [1 + f(x^2)]$。当然，并不是每个函数都满足模方程，但存在一类函数满足模方程，这种满足模方程的函数称为模函数。例如，函数 $f(x) = 16x \prod_{n=1}^{\infty} \left(\frac{1 + x^{2n}}{1 + x^{2n-1}} \right)^8$ 就是一个模函数，与其相关的 7 阶模方程是 $\sqrt[8]{f(x) f(x^7)} + \sqrt[8]{[1 - f(x)][1 - f(x^7)]} = 1$。拉马努金对各种模方程都有过深入的研究，其中他详细研究了模方程满足其他一些条件的解，即奇异值。有一类奇异值对应于一个数值序列 K_p 的计算，其中 $K_p = f(e^{-\pi\sqrt{p}})$，$p$ 为整数。这个序列 K_p 具有一个非常奇特的性质，即它的对数表达式 $\frac{-2}{\sqrt{p}} \ln\left(\frac{K_p}{4} \right)$ 的值与 π 的前面许多位的值一样，且 p 越大，这两个值相同的位数就越多。

拉马努金求这种奇异值的能力是无与伦比的。他在最初写给哈代的信中，给出了 $p=210$ 时的奇异值：

$K_{210}=(\sqrt{2}-1)^2(2-\sqrt{3})(\sqrt{7}-\sqrt{6})^2(8-3\sqrt{7})(\sqrt{10}-3)^2(\sqrt{15}-\sqrt{14})(4-\sqrt{15})^2(6-\sqrt{35})$，将其代入对数表达式，得出的结果与 π 的前 20 位相同，而由 $p=240$ 得出的结果则与 π 的前 1000000 位相同。应用这种方法，拉马努金构造了一系列著名的有关 π 级数的表达式，有些包含在 1914 年发表的正式论文《模方程和 π 的近似表示式》中，其中有一个颇为著名的级数是

$$\frac{1}{\pi}=\frac{\sqrt{8}}{9801}\sum_{n=0}^{\infty}\frac{(4n)!(1103+26390n)}{(n!)^4 396^{4n}}$$

（其中 $n!=n\cdot(n-1)\cdots\cdot 2\cdot 1$，而 $0!=1$）。根据这个公式，每增加一项，π 可增加 8 位 π 的正确数值。用这个公式还可编制精度极高的计算 π 值的迭代算法，它能使计算迅速地收敛于 π。虽然拉马努金不知计算机为何物，但他对迭代算法的许多方面早就预见到了。这样，计算机不仅可以使拉马努金的研究成果得到应用，而且复杂的代数操作软件使我们能对拉马努金以前单独无援走过的路做进一步的探索。

拉马努金在数论方面还给出了欧拉方程 $x^3+y^3+z^3=w^3$，形如

$$\begin{cases} x=3a^2+5ab-5b^2, \\ y=4a^2-4ab+6b^2, \\ z=5a^2-5ab-3b^2, \\ w=6a^2-4ab+4b^2 \end{cases} \text{和} \begin{cases} x=m^7-3m^4(1+p)+m(2+6p+3p^2), \\ y=2m^6-3m^3(1+2p)+1+3p+3p^2, \\ z=m^6-1-3p-3p^2, \\ w=m^7-3m^4p+m(3p^2-1) \end{cases}$$

的解，但却不是一般解。他还发现了勒让德定理：n 是 3 个平方数之和，当且仅当 $n=4^a(8k+7)$ 时成立；以及施陶特关于伯努利数的

定理：$(-1)^nB_n=G_n+\frac{1}{2}+\frac{1}{p}+\frac{1}{q}+\cdots+\frac{1}{r}$，其中 p，q，$\cdots$，r 是使 $p-1$，$q-1$，$\cdots$，$r-1$ 是 $2n$ 约数的奇素数，G_n 是整数。他和哈代、利特尔伍德系统发展的"圆法"为整数分拆、华林问题注入了无限活力，并为此做出了突出贡献。

华林问题于 1770 年由英国数学家华林提出，可叙述为：对每个整数 $k\geqslant 2$，存在一正整数 $s(k)$，使得每个正整数 n 均可表示成 s 个非负整数的 k 次方之和，即不定方程 $x_1^k+x_2^k+\cdots+x_s^k=n$ 对每一个正整数 n 均有非负整数解 x_j（$1\leqslant j\leqslant s$）。拉马努金详细讨论了 $k=4$ 的情况。后来哈代、华罗庚等著名数学家对它做了更深入的研究。

整数分拆是把正整数 n 分成不计次序的若干个正整数之和。以 $p(n)$ 表示 n 的不加限制条件的所有分拆个数，拉马努金与哈代合作求出了 $p(n)$ 的相当精确的渐近公式：

$$p(n)\sim e^{\pi\sqrt{2n/3}}\sim \frac{1}{4n\sqrt{3}}e^{\pi\sqrt{2n/3}}。$$

后来拉德马赫尔又得出更精确的公式。

无穷级数方面，无穷级数一般分为发散级数和收敛级数。从 18 世纪开始，它一直被认为是微积分不可缺少的一部分。伴随着微积分的深入发展，无穷级数理论也日臻完善。然而从拉马努金所受的教育来看，他对无穷级数的理论可能是无知的，但他却能以其敏锐的直觉思维得出一大批无穷级数的求和公式，最为典型的是，他给出调和级数 $\sum_{k=1}^{\infty}\frac{1}{k}=7.48552932$ 和 $\sum_{k=100}^{1093}\frac{1}{k}=0.08882524$ 的近似值，写出了一个特殊函数的一般公式 $\Phi(a,n) = 1 + 2\sum_{k=1}^{n}\dfrac{1}{(ak)^3 - ak}$，且 $\lim\limits_{n\to\infty}\Phi(a,n) = \Phi(a)$。并由此推出调和级数：

$$\sum_{k=1}^{n}\dfrac{1}{k+1} = \dfrac{n}{n+1} + \sum_{k=1}^{n}\dfrac{1}{(2k)^3 - 2k}，得到 \dfrac{1}{2}\Phi(2) = \ln 2；$$

$$\sum_{k=1}^{n}\dfrac{n-k}{n+k} = 2n\sum_{k=1}^{n}\dfrac{1}{(2k-1)(2k)(2k+1)} - \dfrac{n}{2n+1}，得到 \Phi(3) = \ln 3；$$

$$\sum_{k=1}^{n}\dfrac{1}{n+k} + \sum_{k=0}^{n}\dfrac{1}{2n+2k+1} = \Phi(4,n) = \sum_{k=1}^{4n+1}\dfrac{(-1)^{k+1}}{k} + \dfrac{1}{2}\sum_{k=1}^{2n}\dfrac{(-1)^{k+1}}{k}，$$

得到 $\Phi(4) = \dfrac{3}{2}\ln 2$ 这些结论。

他还解决了如何加速一级数收敛和渐近收敛的方法，作为一典型实例，他认为当 x 为非负数时，级数 $\sum_{k=0}^{\infty}\dfrac{(-1)^k k!}{x^{k+1}}$ 发散，但若考虑积分 $I = \int_{0}^{\infty}\dfrac{e^{-x}}{x+u}du$，令 u 的次数逐次增加，我们就得到级数的渐近收敛性。

总之，拉马努金好像对无穷级数情有独钟，他能发现很多有关无穷级数的知识，世界上几乎没有任何一位数学家能与之相匹敌。

代数方面，主要表现在超几何级数和连分数方面所取得的成就。在其手稿本中，专门有两章详细讨论了超几何级数，他给出了一大批公式，其中最为著名的影响较大的有三个恒等式：

杜格尔－拉马努金恒等式：

$$\sum_{n=0}^{\infty}(-1)^n (s+2n)\dfrac{s^{(n)}}{1^{(n)}}\dfrac{(x+y+z+u+2s+1)^{(n)}}{(x+y+z+u+s)_{(n)}}\prod_{x,y,z,u}\dfrac{x_{(n)}}{(x+s+1)^{(n)}} =$$

$$\frac{s}{\Gamma(s+1)\Gamma(x+y+z+u+s+1)} \prod_{x,y,z,u} \frac{\Gamma(x+s+1)\Gamma(y+z+u+s+1)}{\Gamma(z+u+s+1)},$$

其中 $a^{(n)}=a(a+1)\cdots(a+n-1)$，$a_{(n)}=a(a-1)\cdots(a-n+1)$。

罗杰斯－拉马努金恒等式：

$$1+\frac{q}{1-q}+\frac{q^4}{(1-q)(1-q^2)}+\frac{q^9}{(1-q)(1-q^2)(1-q^3)}+\cdots=$$

$$\frac{1}{(1-q)(1-q^6)\cdots(1-q^4)(1-q^9)\cdots}$$

及

$$1+\frac{q^2}{1-q}+\frac{q^6}{(1-q)(1-q^2)}+\frac{q^{12}}{(1-q)(1-q^2)(1-q^3)}+\cdots=$$

$$\frac{1}{(1-q^2)(1-q^7)\cdots(1-q^3)(1-q^8)\cdots}。$$

他在连分数方面的杰作是给出了包括

$$\frac{1}{1+}\frac{e^{-2\pi}}{1+}\frac{e^{-4\pi}}{1+\cdots}=\left\{\sqrt{\frac{5+\sqrt{5}}{2}}-\frac{\sqrt{5}+1}{2}\right\}e^{\frac{2\pi}{5}}$$

及

$$\frac{1}{1+}\frac{e^{-2\pi\sqrt{5}}}{1+}\frac{e^{-4\pi\sqrt{5}}}{1+\cdots}=\left[\frac{\sqrt{5}}{1+\sqrt[5]{5^{3/4}\left(\frac{\sqrt{5}-1}{2}\right)^{5/2}-1}}-\frac{\sqrt{5}+1}{2}\right]e^{\frac{2\pi}{\sqrt{5}}}$$

等公式在内的关于 $\dfrac{1}{1+}\dfrac{x}{1+}\dfrac{x^2}{1+\cdots}$ 方面的分数理论。此外，他还给

出了其他的一些相当漂亮的公式,像拉盖尔公式:

$$\frac{(x+1)^n-(x-1)^n}{(x+1)^n(x-1)^n}=\frac{n}{x+}\frac{n^2-1}{3x+}\frac{n^2-2^2}{5x+\cdots}$$

就是典型一例。

分析方面,拉马努金在此方面定然不会给人以深刻的印象,因他不懂函数论,离开函数论就无法从事真正的分析研究,但他仍然重新发现了数量惊人的最为优美的解析恒等式,例如,黎曼 ζ 函数的函数方程:

$$\zeta(s)=\sum_{n=1}^{\infty}\frac{1}{n^s},\ 即\ \zeta(1-s)=2(2\pi)^{-s}\cos\frac{1}{2}s\pi\ \Gamma(s)\zeta(s);$$

泊松求和公式:

$$\alpha^{\frac{1}{2}}\left\{\frac{1}{2}\varPhi(0)+\varPhi(\alpha)+\varPhi(2\alpha)+\cdots\right\}=\beta^{\frac{1}{2}}\left\{\frac{1}{2}\varPsi(0)+\varPsi(\beta)+\varPsi(2\beta)+\cdots\right\},$$

其中 $\varPsi(x)=\sqrt{\frac{2}{\pi}}\int_{0}^{\infty}\varPhi(t)\cos xt\mathrm{d}t$,且 $\alpha\beta=2\pi$;

阿贝尔函数方程:

$$L(x)+L(y)+L(xy)+L\left\{\frac{x(1-y)}{1-xy}\right\}+L\left\{\frac{y(1-x)}{1-xy}\right\}=3L(1),$$

其中 $L(x)=\frac{x}{1^2}+\frac{x^2}{2^2}+\frac{x^3}{3^2}+\cdots$;等等。

我们不能不被拉马努金的天才数学思想所折服,而究竟他是怎样取得这些成就的,尚待进一步探讨。

五、对后人的影响

拉马努金的数学贡献为现代数学家从事数学研究提供了很好的史料,对现代数学的发展也产生了深远的影响。哈代由于与拉马努金长期合作,对他的数学思想与成就较为熟悉,于是在纪念拉马努金诞辰 50 周年后不久,哈代就出版了《关于拉马努金的十二篇演讲》和《拉马努金论文选集》两部著作。事实上,哈代后期所取得的主要数学成就无不与拉马努金的工作有直接或间接的联系。另外,青年数学家沃森也被拉马努金惊人的数学才能所感动,在哈代的帮助下,他对拉马努金的手稿做了细致的研究,相继出版了《拉马努金的手稿》《关于同余理论》《拉马努金 $\tau(n)$ 的函数表》《最后难题——Mock Theta 函数的说明》及《超越数理论》等著作和论文。他的学生卢什方斯也以拉马努金的 q 级数为基础,撰写了题为《划分函数与其相关函数的同余性质》的博士论文。1929 年,威尔顿在《剑桥哲学学会数学学报》上发表了《关于拉马努金算术函数 $\tau(n)$ 的一个注记》的论文,此论文影响很大,已被应用于函数分析、调和分析、概率论及数论等诸多数学分支。

最能体现拉马努金对后人影响的是纪念其诞辰 100 周年大会。此会于 1987 年 6 月 1 日至 5 日在美国的伊利诺伊大学举行,到会者有多达 125 名有声望的数学家和物理学家,每个人都向大会呈交了论文,而每篇论文都与拉马努金的数学工作有关,这在数学史上是比较罕见的。

会后,印度数学基金会向拉马努金的夫人捐赠了 20000 卢比奖金，以答谢拉马努金对数学做出的贡献，而其夫人则用这笔款项设立了拉马努金基金，从1988年起用以奖励在数学方面有突出贡献的印度数学家。后来，拉马努金所在的大学为他建造了一尊雕像，以勉励后人积极进取，奋发向上。

拉马努金的数学思想已被现代数学家和物理学家应用于诸多数学和物理学分支，有关他的 q 级数理论已被应用到统计力学中，他在代数与计算方法等方面的贡献已在概率论、数列渐近线、数的分拆、超几何级数等中充分体现出来。他与哈代、利特尔伍德系统发展的"圆法"使整数分拆、华林问题和哥德巴赫猜想等一系列著名数论问题的研究取得了大踏步的进展。正如这次大会的组织者安德鲁斯先生所说：

我预计在2037年纪念拉马努金诞辰150周年大会上，在他所创造的数学王国里将会绽放出更加绚丽多彩的鲜花。

（作者：张新立　王青建）

玻色

毛遂自荐的量子统计学家

萨提恩德拉·纳什·玻色
（Satyendra Nath Bose，1894—1974）

在20世纪二三十年代，印度的一些杰出科学家做出了一批让世界物理学界瞩目的成果。S. N. 玻色、萨哈和拉曼就是他们的代表。1924年，玻色这位名不见经传的印度物理学讲师发表了论文《普朗克定律和光量子假说》。在文章中，他批评了普朗克和爱因斯坦等物理学家推导黑体辐射公式的方法，指出在这些方法中普遍存在着量子现象与经典物理概念的逻辑矛盾，并提出了新的推导方法，获得了逻辑一致的量子论结果。以该文为基础，爱因斯坦连续发表了《单原子理想气体的量子理论》I和II两篇论文，从而不仅创立了著名的玻色－爱因斯坦量子统计理论，而且预言了物质在一定条件下存在玻色－爱因斯坦凝聚态。70余年后，物理学家发现了金属原子气体在低温状态下的玻色－爱因斯坦凝聚现象。目前，这一方向的研究已经成为物理学的前沿领域之一。

玻色作为一位远离西方科学主流社会的东方物理学家，为推动量子理论的发展做出了重要贡献。玻色在印度所接受的是殖民地性质的西方科学教育和印度本土文化的熏陶，其成长道路和所做出的科学贡献都是耐人寻味的。可以说，在玻色的身上，既体现了西方科学的精神，也展现了东方传统文化的智慧。在玻色的科学生涯中，爱因斯坦不仅对其科学研究工作给予了热情的帮助，而且又将其原创性思想向前大大发展了一步。这件事已经成为物理学史上既相当感人又富有启发性的一个典型案例。

一、成长于动荡的时代

1894年元旦，萨提恩德拉·纳什·玻色出生在印度孟加拉邦的加尔各答。其父苏伦德拉·纳什·玻色是一位训练有素的会计，曾经在东印度铁路公司的工程部工作，后来建立了自己的化学制品及药品公司。母亲阿莫蒂尼·德维受过一点初等教育，她省吃俭用，照顾着七个孩子的大家庭。19世纪末和20世纪初期是印度民族觉醒的年代。1905年英国殖民当局总督柯曾勋爵以提高行政效率为借口，对孟加拉邦实行分治，其目的是削弱孟加拉进步知识分子的力量，破坏孟加拉人民的团结。孟加拉邦实行分治后，印度各阶层人民反抗殖民统治的情绪像野火燎原一样遍及整个孟加拉，并且波及其他地区。孟加拉人民开展了抵制英货、斯瓦德希[1]和普及国民教育运动，公开反对殖民政府，由此而迫使英国殖民当局在1911年宣布取消了孟加拉邦的分治。当然，抗议者也付出了代价，印度的首都被当局从加尔各答迁往德里。

S. N. 玻色即成长在这个激荡着民族主义和爱国主义的时代。他在印度为人们所熟知的名字是萨提恩·玻色。据说，玻色3岁时，一位孟加拉占星家为他占卜说：

这个小孩在他整个一生中会遇到很多坎坷，然而他会

---

[1] 斯瓦德希，Swadeshi，即使用国货的孟加拉语。

用异乎寻常的智慧去克服它们并获得大的名望。

他的父亲非常关注儿子的前途,很小就送他去学校接受教育。少年的玻色在学习上没有遇到什么困难,在加尔各答接受完小学教育之后,于1907年进入加尔各答的印度教高级中学。在中学里,由于数学老师的引导和校长的鼓励,他对数学和自然科学产生了浓厚的兴趣并很快显露出在这方面的天赋。在一次数学考试中,玻色创造性地运用多种方法解题,老师因此破例给了他110分的成绩,创造了这个学校的最高纪录。他的老师预言,玻色将来一定会成为像拉普拉斯和柯西一样的大科学家。希望干一番事业的理想和不断学习新知识的渴望从中学时代就深深地植根于玻色的心底。在读中学期间,玻色喜欢自己动手制作一些简单的实验仪器。他与要好的同学合作,设计制作了望远镜和其他一些科学仪器。这为其在以后的科学研究工作中设计制作很多新仪器奠定了基础。

二、西方科学教育与东方传统文化的熏陶

1909年,玻色考入位于加尔各答的首府学院[1]学习。这是印度建立的第一所英语学院。这所学校的原名是加尔各答印度教育学院,由印度学者罗伊倡导,于1817年创建。罗伊对于印度的思想文化和哲学有着深厚造诣,对印度的知识分子阶层有着很大的影响。他

---

[1] 所谓"首府学院",是英国殖民政府在印度三个地区所设立的公立大学,即马德拉斯首府学院、加尔各答首府学院和孟买首府学院。

曾写信给总督，强调"数学、自然哲学、化学、解剖学以及其他有用的科学"对教育的必要性。因为印度是一个多民族、多宗教的国家，殖民当局害怕其他宗教团体在高等教育上提出同样的要求，所以 1854 年当局接管了该校，更名为首府学院。多民族加上不同宗教的融合，客观上使首府学院成为印度科学与民主思想的发祥地。玻色和其他一些同时代的杰出科学家都成长在这种富有灵感的理想主义氛围之中。加尔各答首府学院 1909 届学生中的许多人后来都成为了各领域的精英。

首府学院当时因为有物理学家 J. C. 玻色和化学家 P. C. 拉伊在此任教而享有盛名。J. C. 玻色被称为印度的伽利略，是印度第一个实验物理学家。他在无线电传输试验上取得了很大成功，与意大利物理学家马可尼同一年试验成功电报机，但后者首先申请了专利。J. C. 玻色在 1885 年就发现了毫米波，早于西方科学家半个世纪。后来他转向研究生物，发现了在含羞草中存在神经系统。他预言了通过光合作用利用太阳能的可能性，并提出了存储信息记忆模型的物理学概念，这使其成为现代控制论学科的先驱。P. C. 拉伊对于学生来说更具影响力。他作为印度科学技术发展的"先驱"，在印度人民中间享有很高的声誉。除在化学基础研究中卓有成效的工作以外，他还出版了《印度化学史》（二卷）和《印度古代和中世纪化学史》。拉伊强调建立自己国家的工业基础，并鼓励建立私人企业。作为一位著名科学家，拉伊为社会改革做了很多事情。他有一句名言：

> 我是一位科学家，实验室是我工作的地方。但是，在特殊的时期里，即使是科学家也必须响应国家的召唤。

P. C. 拉伊和 J. C. 玻色是 S. N. 玻色最敬仰的两位老师，他们的学术和人格都对玻色产生了重要影响。1913年，玻色大学毕业。1914年5月5日，他与乌萨巴拉·戈什结为伉俪。第二年，玻色考取加尔各答大学混合数学系硕士研究生，经过两年的学习，以第一名的成绩获得了科学硕士学位。

印度孟加拉邦当时流行的斯瓦德希精神的一个表现是国民教育的本土化。随着抵制英国货运动的开展，学生们将学习热情转向印度自己的文化和传统。加尔各答大学副校长穆克伊爵士因势利导，引导学校的发展。在他的领导下，加尔各答大学成为繁荣的学术研究中心。1912年，该校成立了大学科学学院，并利用著名法学家塔拉坎什·帕里特和拉什贝哈里·戈什的捐款设立了教授席位和助学金。穆克伊善于发现和使用人才，使加尔各答大学很快有了自己的特色。这所大学规定，所有的教授席位必须聘用印度人，由此引起了殖民政府的反对，于是政府拒绝给予大学更多的资金支持。但是穆克伊坚持认为，即使挨门挨户地乞讨也不向殖民政府妥协。

1915年几位获得硕士学位的年轻人被穆克伊挽留下来，希望他们留校开设物理和数学课程。他们之中就有萨哈和 S. N. 玻色。1916年，玻色被聘为讲师。在工作中，他非凡的才能得到了朋友和同事们的公认。他非常重视科学研究工作，因为他坚信社会的进步总会伴随着科学的进步，而人类的进步也会得益于科学的发展。

1916年，玻色作为讲师任职于新成立的加尔各答大学科学学院，这是一所研究生院，由此使玻色能够继续其物理和数学的研究工作。当时正是第一次世界大战时期，科学方面的最新书籍和论文很难出现在印度。幸运的是，德国科学家布鲁赫尔来到这里，带来了一些德文近代物理书籍和论文。玻色一面努力学习德文，一面阅读欧洲最新的关于量子理论和相对论的著作。吉布斯的统计力学激发了玻色在这方面的兴趣。他也研究关于爱因斯坦相对论的论文，并且经过爱因斯坦本人允许，玻色和萨哈共同翻译了爱因斯坦和闵可夫斯基合著的相对论论文，由加尔各答大学出版社编辑成论文集于1920年出版。1918—1920年，玻色发表了四篇论文。第一篇与萨哈合作，1918年发表在伦敦《哲学杂志》上，是关于在有限体积条件下气体分子状态方程的研究，即萨哈－玻色方程的论文。第二篇是关于平衡态的应力方程，发表在1919年加尔各答数学学会报告上。第三篇论文于1920年同样发表在上述学会报告上。第四篇论文是关于里德伯原理，1920年发表在《哲学杂志》上。这一阶段，玻色研究工作的主要方向是在理论物理学方面，主要是利用相对论和量子论解决不同状态下的分子或原子体系问题。这些研究为他下一阶段的出色工作打下了良好的基础。

玻色在闲暇之时喜欢读孟加拉文、英文和法文著作。他翻译了一些法国小说，并且参加了文学讨论会。历史和文学也强烈地吸引着玻色，他喜爱杜特的著作，并且非常珍爱泰戈尔的小说和诗歌。泰戈尔曾把自己用孟加拉文写成的描述宇宙与微观世界的《宇宙知识》一书送给玻色。

佛教文化也深深地影响着玻色，他在几次公开的场合中说：

> 在所有来到过这个世界的人中间，我认为最伟大的是乔答摩·悉达多。

玻色虽然不是佛教徒，但他表现出了对佛学文化的深刻理解和崇拜。印度政治家和思想家贾瓦哈拉尔·尼赫鲁是这样认识佛学文化与近代物理学的关系的：

> 然而令人惊奇的是，佛的这种哲学把我们带进了一种多么接近于近代物理学和近代哲学思想的某些概念的境界啊。

美国著名物理学家奥本海默也说过：

> 在原子物理学的发现中所表现出来的……关于人类认识的一般概念，……即使在我们自己的文化中它们也有一定的渊源，而在佛教和印度教的思想中更具有中心地位。我们所要做的发现只是古代智慧的一个例证，一种促进和精细化。

这些评价说明，印度文化中有一些思想与现代物理学的基本精神是一致的。

玻色经常说，每一个人都有这样或那样的才能，应该努力地发掘它，并且通过持之以恒的练习和艰苦的工作而凸现出光芒。玻色不但是这样倡导的，而且用他的行动作了最好的诠释。另外，玻色非常喜爱孟加拉的艺术和音乐，能很好地演奏一种类似于小提琴的孟加拉乐器"艾斯拉伊"。他还谱写了几首新的拉格（印度教一种传统曲调），他本人也被认为是优秀的业余音乐家和音乐评论人。

三、一篇论文引发的连锁反应

1921年，达卡大学贾葛拉什学院在达卡市成立。由于较高的薪酬和更好的设施，很多有才能的教师离开加尔各答来到达卡，其中就有S. N. 玻色。1921年，玻色被聘为达卡大学贾葛拉什学院的物理学高级讲师。

在达卡大学贾葛拉什学院工作期间，玻色在量子物理方面做了一些重要的工作，特别是对普朗克黑体辐射公式的推导。1923年，玻色将他的论文《普朗克定律和光量子假说》寄给伦敦《哲学杂志》，希望得到发表。但稿件很快被退回，评议结果是不予发表。1924年，玻色将论文原稿又寄给爱因斯坦，他在附信中写道：

> 尊敬的先生，我冒昧地随信寄上我的文章，希望您不吝赐教！您将明白我所推导的普朗克公式的系数……完全有别于用经典电动力学的推导。

玻色论文所讨论的普朗克定律推导问题，也是爱因斯坦长期关注的问题。在玻色以前，普朗克公式的推导总是部分地利用了经典物理理论，与量子论假设存在不相容的矛盾。

从1905年3月到1906年11月，爱因斯坦在德国《物理学杂志》上连续发表了《关于光的产生和转化的一个启发性观点》《关于光的产生和吸收的理论》和《普朗克的辐射理论和比热理论》三篇论文，探讨了推导普朗克公式的不同方法。1916年，爱因斯坦发表《关于辐射的量子理论》一文，从一个新的角度重新推导了普朗克公式，其中应用了由经典物理导出的维恩公式，并建立了一个半经典半量子的光吸收和发射理论。爱因斯坦深知量子论基础中存在着深刻的矛盾，即在推导普朗克定律时存在逻辑上的不自洽。1913年，他在《科学家M.普朗克》一文中说：

> 要是物理学家为这一普适函数而牺牲的所有脑汁可以拿来称一称的话，那么就可以看到一个感人的场面，而这种残酷的牺牲现在仍然见不到尽头呀！

玻色的这篇论文正是针对量子论的基础问题——量子论假设与经典电动力学的不相容的矛盾而写的，而这正是爱因斯坦一直以来希望解决的问题。玻色的论文分两个部分：第一部分分析了从1901年普朗克公式发表以来的多种推导方法，指出这些方法都利用了经典电动力学来推导与频率有关的函数因子，从而导致了能量的不连续性与经典物理能量连续发布观念不相容的矛盾。玻色指出：

这就是所有推导中不能令人满意之点，因此，总是一再有人企图做出没有这种逻辑缺陷的推导，也就不足为奇了。

论文还重点分析了1916年爱因斯坦本人最满意的推导方法。虽然这个方法企图不依赖经典物理，使用了分子同辐射场之间的能量交换假设，但玻色一针见血地指出：推导过程利用了维恩的位移公式和玻尔的对应原理，而维恩公式是以经典物理为基础的，所以这种方法仍然不能解决不相容的矛盾。在论文的第二部分，玻色给出了新的推导方法和推导过程。他认识到必须把光量子假说和统计力学结合起来推导普朗克公式，这就不必用到经典理论。玻色推导的关键是用光子状态计数，而不是用光子数计数，这就意味着与光子状态相同的其他粒子也满足同样的方法。这里玻色所说的统计力学，不是经典物理的麦克斯韦－玻尔兹曼统计，而是他发现的一种新的与量子理论相对应的统计理论，即后来以他和爱因斯坦姓氏命名的量子统计法。

玻色的这篇论文得到了爱因斯坦的高度认可。爱因斯坦把该文从英文翻译为德文，并转寄给德国《物理学期刊》，同时以译者的名义在论文后面加了一个评注，指出了玻色工作的重要意义：

在我看来，玻色对普朗克公式的推导意味着一个重要的进展。这里所用的方法也得出我要在别处阐述的关于理想气体的量子理论。

1924年7月2日，玻色的这篇论文在《物理学期刊》8月号上发表。

在玻色这篇论文的启发下，1924年9月和1925年2月，爱因斯坦在普鲁士科学院院刊上相继发表论文《单原子理想气体的量子理论》I和II，推广了玻色的统计方法，建立了一个普遍适用的量子统计理论——玻色－爱因斯坦统计。爱因斯坦在文章中强调：

> 如果玻色对普朗克辐射公式的推导被认真地对待，那么人们也就不应该绕过这个理想气体理论；因为，如果把辐射理解为量子气体已经证明是正确的，那么量子气体同分子气体的类似性就必定是完全的了。

论文I主要提出了玻色－爱因斯坦量子统计理论，阐述了理想气体"简并"理论。文章首先确定单原子分子体系小于给定能量值的一切状态的相容积，由此即可确定一定能量微元区间的相格数。与玻色论文中光子态占据相格情况完全类似，即每一个相格包含的分子数是任意的。从容积 V 中分子数 n 的几率表示和体系平均能量的几率表示推导出每个相格的平均分子数，这样即很容易得出分子数和平均能量的统计表示，从而完全确定热力学平衡条件下的宏观状态分布率。这就是爱因斯坦在玻色理论基础上建立的玻色－爱因斯坦统计。

1926年8月,一向以严谨著称的理论物理学家狄拉克发表了一篇论文,完善了量子统计的费米–狄拉克理论。至此量子统计理论的大厦已经完全建立起来。在这篇论文中,狄拉克把服从玻色–爱因斯坦统计的粒子命名为"玻色子",这是对玻色工作的最好褒奖。

玻色和爱因斯坦的量子统计理论很快引起了物理学家们的注意,也对薛定谔波动力学的建立产生了一定的推动作用。爱因斯坦在《单原子理想气体的量子理论》Ⅱ中引用了德布罗意的物质波理论,并强调了其重要性,由此引起了薛定谔对德布罗意工作的重视。为了为德布罗意的物质波概念建立理论基础,薛定谔最终创立了与海森伯矩阵力学等价的波动力学。1926年4月,薛定谔写信给爱因斯坦说:

> 如果不是您的一篇论文(论文Ⅱ)在德布罗意工作的重要性方面给我留下印象,整个理论就不会由我现在得出,乃至永远不会得出。

爱因斯坦在论文Ⅱ中经过分析得出结论:饱和理想气体在给定容积 V 的情况下,如果温度不变而气体密度不断增加(如等温压缩),则多余的气体分子就会"凝聚"起来,成为不动的分子,其余的仍然保持为一种"饱和的理想气体"。这种状态后来被称为玻色–爱因斯坦凝聚态,简称 BEC。此外,论文Ⅱ还讨论了玻色气体与经典理想气体的区别、理想气体的起伏特性和低温气体的粘滞性等,并导出了饱和理想气体的状态方程等。

从 1925 年爱因斯坦预言 BEC 以来，这一课题一直被许多第一流的物理学工作者所关注。在杨振宁保存的 1946 年 10 月至 1947 年 7 月参加费米晚间演讲的笔记中，记录了当时讨论的一个题目就是关于玻色－爱因斯坦凝聚问题。1957 年，李政道、杨振宁、黄克孙在理论上系统地研究了 δ 相互作用下稀薄玻色气体的 BEC。1985 年，朱棣文和他的同事在实验室里实现了利用激光冷却原子气体和利用原子捕集器囚禁原子的技术，为 BEC 的实现奠定了物理实验基础。20 世纪末，美国科罗拉多实验室天体物理联合研究所、麻省理工学院和莱斯大学等都通过实验手段实现了玻色－爱因斯坦凝聚。2002 年，中国科学院上海光机所也在实验上实现了 BEC。BEC 作为新的物质状态，为实验物理学提供了一种全新的介质。关于 BEC 的研究，现在已经成为众多物理前沿学科的一个重要研究领域。例如：在应用技术方面，研制高准确度和稳定度的原子钟和精密原子干涉仪，用于测量原子物理常数和改善微重力测量的精确度；利用 BEC 的相干性，进行微结构的刻蚀，研制微电子回路；等等。

四、爱因斯坦的扶持和友谊

1924 年，爱因斯坦收到 S. N. 玻色的第一篇论文时并不认识玻色，他将文章的作者误认为是 J. C. 玻色的侄子 D. 玻色，那时 D. 玻色已经是知名的物理学家了。

在论文《普朗克定律和光量子假说》发表后不久，玻色又把《存在物质时辐射场的热平衡》的文章寄给爱因斯坦，后者同样将论文翻译为德文推荐发表，但同时也提出了一些疑问，所以玻色想找一个机会向爱因斯坦证明自己的根据。1924年9月，由于得到爱因斯坦对其工作的高度评价，达卡大学批准玻色到欧洲进行为期两年的学术研究。因此，玻色获得了会见欧洲一流科学家的机会。玻色在巴黎结识了法国物理学家朗之万，在朗之万的推荐下，玻色先后在德布罗意和居里夫人的实验室工作。1925年10月，玻色从巴黎到达柏林，见到了仰慕已久的爱因斯坦。经爱因斯坦介绍，他结识了玻尔、薛定谔、海森伯等著名的物理学家，还参加了玻恩主讲的量子理论课程班。在与这些物理学家的讨论中，玻色使他们认可了自己的观点。在一次邀请玻色参加的学术会议上，玻尔在演讲中遇到了一时难于解决的困难。在黑板前，他停止了演算并转向玻色问道：

玻色教授，能给予帮助吗？

而此时玻色正闭着眼睛坐在座位上，令听众惊讶的是，玻色睁开眼睛，立即走到黑板前解决了这一问题。玻色的智慧和独特的个性赢得了大家的尊敬。

1926年，在柏林的玻色从朋友的来信中得知，达卡大学物理学教授的职位空缺。玻色的同事和朋友都劝其申请这一职位，但玻色自己因为没有博士学位的头衔而颇为踌躇。他为此去求教爱因斯坦，而爱因斯坦非常惊讶地说：

在你的学科上你是如此的精通，难道他们还需要任何其他的证明或推荐吗?

爱因斯坦马上写信给达卡大学当局,信中写道:

> 你们能发现像萨提恩德拉·纳什(玻色)一样精通专业的其他科学家吗?他完全适合这一职位。

1926年,玻色被达卡大学任命为物理学教授并担任了物理系主任。

玻色一直虔诚地把爱因斯坦作为自己的"Guru"[1],在所有与爱因斯坦的通信中,玻色对他都是这样致辞的。爱因斯坦也接受了玻色的情感。玻色每一次遇到困难,他都乐于帮助解决,像老师帮助自己的学生一样。爱因斯坦的肖像一直挂在玻色办公室的墙上,这样,玻色就可以从爱因斯坦勉励的目光中得到科学研究的动力。

五、教育家的风范和爱国者的情怀

1916年,玻色作为讲师在新创办的加尔各答大学科学学院开始了自己的事业。那时,他除教授物理以外,还要教授相关的其他学科。由于没有教科书,教学变得较为困难。但是玻色把每一次课都讲解得非常清楚,并且帮助学生解决学习中遇到的每一个困难。玻色鼓励学生要充满自信,并经常讲:不要因为权威而接受某种解决

---

[1] Guru,即印度教中的宗教指导教师。

问题的方法,只有你认为它是正确的才接受。他还鼓励学生多读书,扩大自己的知识面。学生们在课余时间也能自由地向玻色寻求指导和帮助。他的敬业精神是超乎寻常的,他绝不允许自己的私事或困难干扰自己的工作。在他担当达卡大学物理系主任期间,一些研究生要求延期考试,玻色没有答应。个别学生威胁说,如果不同意他们的要求就罢课甚至绝食抗议。玻色回答道:

> 我可以辞职,但是我不会在没有正当理由的情况下将考试延期。

在他的坚持下,同学们最终收回了自己的要求。

玻色的出色工作,获得了各种赞誉。牛津大学将其列入杰出人物名录。面对这些荣誉,玻色总是保持格外的谦恭和谨慎。他在各种场合总是大力赞扬别人的工作,但却很少提及自己。一个名叫辛格的作家希望为玻色撰写一部传记,玻色对此并不热心,当作家去玻色那里收集资料时,玻色却反问道:

> 您为什么浪费您的宝贵时间来写我的什么传记呢?

在生活中,玻色从不追求财富,而将自己的一切都奉献给了科学教育事业和穷苦大众。他全心全意为国家服务的精神,为其他人树立了榜样。玻色渴求社会的发展和进步,厌恶划分种姓的制度,仇视高贵种姓生来认为自己是优越的而贱民生来是卑贱的世俗观念。他认为所谓高贵人的伪善是社会的公害,是应该鄙视的,国家应该伸出双手去欢迎每一个人。

在那个时代,英语对于接受教育的大多数印度人来讲,有着相当大的吸引力。而玻色则认识到了印度本土语言的重要性。他认为科学如果要为广大民众所理解,就必须用母语教学。1948年,玻色在孟加拉建立了一个科学协会,协会的所有信件都使用孟加拉文。协会从创建伊始就出版了孟加拉文期刊《科学与知识》,开创了用孟加拉语向大众传播科学知识的新途径。在1948年到1973年的25年间,科学协会为普及科学举行了一系列展览和孟加拉文的科学演讲比赛。协会有自己的图书馆,并且用孟加拉文出版了一些科学书籍。玻色不遗余力地领导和发展着这个机构,以推进民族科学普及工作。另外,玻色为了把母语引入教育做了大量的工作。为了这个目的,他还用孟加拉文写了几本书。1945年,作为加尔各答大学的凯拉物理学讲座教授,玻色用孟加拉语给研究生讲授专业物理课程。他的努力极其成功,以至于加尔各答大学最终获得了殖民政府的批准,可以用母语教学。玻色相信,随着民族独立和自由的来临,人们将会逐渐消除殖民时期的障碍。玻色坚持用母语教学的做法,也遭到了一些人的反对,但他没有失去信心,仍然尽最大的努力去达到这个目的。

玻色希望把自己的精力尽量放在科学研究和教育领域,但他逐渐意识到,在这个国家要想取得科学的进步,不借助政治的力量是做不到的,他不得不进入政界。1952年,他成为一名印度国会上议院议员。他利用这个职位为科学和社会做了不少有益的工作。从

1952年到1958年，玻色在政治领域以兼职的身份不知疲倦地工作了6年。

六、归宿

1928年，玻色被一些物理学家提名推荐诺贝尔物理学奖，但结果并没有如愿。70年后，玻色－爱因斯坦理论所预言的BEC在实验中实现，也许这才是对玻色、爱因斯坦这一工作的最好肯定。

1945年，玻色从达卡大学重新回到加尔各答大学，任凯拉物理学教授。他保持这一职位一直到1956年退休，并且成为这一职位的荣誉退休教授。玻色一生共发表24篇科学论文。数量并不算多，但质量非常高。内容涉及统计物理、相对论、量子力学、X射线晶体学、热致发光学和统一场论等领域。玻色出版了《光量子统计》《仿射连通系数》等科学著作，还以孟加拉文出版了《阿尔伯特·爱因斯坦》等几本通俗科普著作。虽然玻色的工作集中在数学物理理论方面，但他在物理实验方面也是享有声誉的，特别是X射线晶体学和热致发光学。玻色对化学、地质学、动物学、人类学、工程学等其他学科也有浓厚的兴趣。在化学方面，他达到了相当专业的水平。突出的例证是，他合成了至今还作为眼药水重要成分的化合物。

玻色的重要贡献不仅仅是在科学研究方面，他对努力改进印度的教育，促进科学技术的普及和广泛应用起了极其重要的作用。1939年，他担任印度科学会议物理学分会主席；1944年，他在德里担任印度科学会议主席；1949年，他当选为印度国家科学研究院主席。玻色得到的最高学术荣誉是在1958年当选为伦敦皇家学会会员。

1956年，玻色从加尔各答大学退休后，被任命为桑蒂尼克坦的威斯瓦-巴拉底大学的副校长，直到1959年离任。同年，他被授予印度国家教授荣誉。1964年，德里大学授予他名誉科学博士学位。

> 印度人不可能在科学上取得任何伟大的成就，他们最多在诸如哲学这些学科成为专家。

这是某些西方人对印度人的印象，而玻色以他杰出的工作驳斥了这些偏见。玻色一生都在为祖国服务，在科学、教育、政治和社会改革等领域都做出了一定的贡献。1964年，玻色的纪念文集在他70岁生日的时候出版。1974年，在他80岁生日的同一个月，纪念量子统计理论诞生50周年的会议隆重召开，这是对他一生成就的最大祝贺。此后不久，玻色因突发心脏病住进了医院，于1974年2月4日停止了呼吸。斯人已去，玻色-爱因斯坦统计、玻色子和玻色-爱因斯坦凝聚却永留人间。

（作者：林祯祺　张　逢　胡化凯）

萨哈
南亚天体物理学先驱

米格那德·萨哈
(Meghnad Saha, 1893—1956)

1953年的9月至10月，来自世界各地的贺信像雪片一样飞向印度城市加尔各答，发信者中包括若干鼎鼎大名的人物，如：丹麦的玻尔，德国的海森伯、玻恩和哈恩，美国的费米、劳伦斯、奥本海默和康普顿兄弟，法国的约里奥·居里，还有英国的琼斯和李约瑟等。这些贺信是为了祝贺一位印度人——米格那德·萨哈的60寿辰而来。那么，萨哈究竟何许人也，能劳动众多科学大师向他表示敬意？本文不揣谫陋，尝试回答这个问题。

本文在标题上断言萨哈是"印度天体物理学家"，而实际上他出生在达卡，即今天的孟加拉国首都。若按现在的版图，他似乎应算是孟加拉国人。但在历史上，孟加拉国和巴基斯坦都曾处于印度的英国殖民统治之下，[1]而萨哈主要生活在那个时期，并且他的研究和教学工作基本上是在加尔各答和安拉阿巴德两个城市进行的，这两个地方今天仍是印度的地盘。此外，在目前的一般科学史著作（如《科学家传记大辞典》）及众多天体物理学的教科书中，几乎无一例外地把萨哈列为印度人，所以，本文认为萨哈是印度的物理学家，当不至有什么大的疑问。

---

[1] 巴基斯坦于1947年独立，分为东、西巴基斯坦。1971年，东巴基斯坦又宣布独立，即今天的孟加拉国。

一、早期生平

1893年10月6日，萨哈出生于英属印度孟加拉省达卡郊区的一个小村里，距达卡约30英里。他的父亲是个小商人，母亲是家庭妇女，全家8个孩子，萨哈排行第5。养活这么多儿女，父母的艰辛可想而知，家里的生活字典里唯有"温饱"二字。在这样的家庭条件下，想使孩子们接受良好的——在当时就是英国式的教育，实属奢侈之想。

萨哈的父亲曾试图让家里最大的男孩，即比萨哈年长13岁的大哥念完中学，但他毕业之后并未给家庭带来经济上的好处，所以父亲便不打算让其他孩子接受比小学更高的教育。在这种状况下，萨哈甚至在小学时就不得不一边上学一边在家里的店铺帮忙。但萨哈的小学老师们很早就看出了这个学生的天赋潜力，于是极力劝说他的父亲送他去城里的中学深造。

当时达卡处于英国殖民统治之下，其南部比较发达，相当一部分人都能讲英语（当地通行的是孟加拉语），并且有若干设备精良的中学。而萨哈所居住的达卡北部郊区则恰恰相反，甚至从村子到达卡约30英里的路程内也难以找到一所比较好的中学。但幸运的是，在该村以南7英里处的另外一个村子里，有一所差强人意的中学。萨哈的父亲终于被老师们说服，在这件事中，萨哈的大哥起了关键作用，他不但帮着劝说父亲，而且还跑到7英里外那所中学所在的村子里，以将来的报答为条件，为萨哈就学找到一处免费食宿的住家，即该村的村医戴斯先生家。萨哈后来念念不忘戴斯先生在他求学期间所给予的巨大帮助。

就这样,在当时印度东部默默无闻的一隅,这位未来的印度科学巨星开始知识启蒙。在这所学校里,最让萨哈折服的是一位数学老师,大概就是他使萨哈迷上了数学;最令他失望的是一位英语老师。

1905年,12岁的少年萨哈以全优的成绩升入达卡市的一所大学预科学校,他的同班同学中,有两位后来也步入科学殿堂,分别成为印度著名的数学家和电机工程专家。萨哈入预科学校不久,碰上了一场政治风波——孟加拉省的反分治运动。孟加拉是当时英属印度最大的省份,省府为加尔各答。英国殖民政府为分化半个世纪以来日益强大的反抗活动,将该省内印度教徒和伊斯兰教徒分而治之,通过了一项法案,将孟加拉划为两个省。这一行动激起了当地人的强烈反对,反对者的先锋就是大、中学的学生。有一次印度总督到达卡视察,学生们群起上街抗议,少年萨哈是运动的活跃分子。事后,当局对积极参与此次行动的人进行了惩罚,萨哈因此失去了免缴学费和享受优等生津贴的待遇,这使他的学业和生活都受到了威胁,不得不另谋出路。最后终于找到一所私立教会学校,但所获得的津贴不足以维持全部开支,只好由他大哥再补贴一点,以坚持学习。在此校,萨哈也参加了达卡浸礼教会的圣经学习班,甚至在一次全孟加拉浸礼教会学校高年级圣经考试比赛中夺得第一名,得到100卢比的奖金和一本装帧精美的《圣经》。前者对他的穷困生活倒是不无小补。

萨哈在这里上了4年,1909年毕业,在全孟加拉毕业会考中,他名列前茅，其中英语、孟加拉语、梵语和数学都得了满分。接着升入达卡学院（相当于大学）开始正式科学课程的学习，这些课程包括数学、物理和化学，还有英语。萨哈还选修一门外语——德语，任课教师是一位刚从维也纳学成归来的印度人。萨哈的数学和化学等课程成绩优异，但德语由于初学，成绩不甚佳，这影响了他的总成绩，大概也影响了他的情绪，他只在达卡学院待了两年，没等毕业，就转学到加尔各答的首府学院。

萨哈于 1911 年来到加尔各答，攻读科学学士学位，他完全依靠学生津贴为生，生活依然很清苦。在这里，他仍选修了德语，并且是全班唯一选此课的学生。有一次一位同学开玩笑说萨哈的 Eigenschaften（性格）是不屈不挠，从此他便在朋友中获得了这个德文绰号"爱跟傻分"。到三年级时，他的老师之一，便是印度现代科学的先驱 J. C. 玻色。同班同学中，有许多人后来成为印度大科学家，如 S. N. 玻色、斯恩、戈什和穆克伊等，这四人后来曾先后担任过印度科学会议的主席，他们的杰出表现，极大地提高了印度科学的国际地位。

萨哈取得学士学位后，又开始攻读应用数学（数学物理）方面的硕士学位。学习期间，他曾几次因生计困难——一个弟弟也在加尔各答求学，因而是两人的生计——而想辍学，报考财政部的职位，终为老师和同学们所劝阻。他维持生活的办法是当家庭教师，有很长一段时间，他每天骑自行车奔波于全城各处，为有钱人子弟辅导功课。

第一次世界大战使英国处境困难，印度各地的青年又利用这个时机掀起反殖民主义的独立运动。萨哈的同学中甚至有人参加了武装斗争组织，从事从德国偷运武器进来的活动。萨哈本人也曾涉足过某些活动，但他打定主意，不在政治方面走得太远。这部分地是出于家庭原因：父母一直指望他能在经济上自立并给家里一些帮助，以供养其他兄弟念书。但主要还是出于他自己的一种观念：他认为整个国家在经济上的发展应占主导地位，离开经济进展的革命是没有意义的，而科学则是经济进步的原动力，加上对科学研究自身的个人嗜好，使这个一度激进的青年最终安于书斋和实验室的生活。

二、初登学界

1916年，加尔各答大学的副校长、数学家穆克伊爵士制订了一项计划，旨在把该大学从过去那种只负责教学大纲、考试等事务的管理协调型机构，转变为真正教学型大学。计划中包括建立一个科学研究院，招聘若干教师进行科学硕士研究生的培养工作。英国殖民政府并不支持此项改革计划，所以不给予财政方面的帮助。穆克伊只有设法寻求私人捐助，最后加尔各答的两位著名律师慷慨解囊，使穆克伊爵士的改革计划得以实施。建立起来的研究数学实体之一是大学理学院，下设数学、物理和化学等系。

萨哈由于在首府学院学习成绩优异，毕业后直接被加尔各答大学理学院数学系聘为助教，辅导学生的流体静力学和地理制图学等课程。但他因与数学系管理人员发生一点矛盾，来后不久就转到了物理系任教。在他的同事中有同学 S. N. 玻色和戈什等人。当时正值第一次世界大战期间，物理系唯一的一位教授去德国访问，结果却被扣留在那儿无法回国，C. V. 拉曼是一年多之后才应聘来此担任帕里特物理教授的。所以，萨哈和他的年轻同事们这段时间实际上群龙无首，是独立进行实验和教学工作的。萨哈负责热力学课程，这是过去多少被他所忽视的领域，现在非他莫属。而他在无人可求的情况下，一边自学一边教学，真有点儿现学现卖的味道。

萨哈的自学既得益于学院较完整的图书杂志资料，也得益于他那已非洋泾浜水平的德文。那时物理学革命正蓬勃展开，许多概念处于急骤变化之中，而加尔各答大学的英国老教授们所制订的教学大纲，无视这些变化，仍停留在经典理论的框架内。萨哈从德文文献中熟悉了量子辐射理论和狭义相对论，并接触到广义相对论，他和一批青年教师一起，极力冲破各种阻碍，将物理学的最新进展纳入教学内容，使印度学生的物理知识基本上能跟上时代的步伐。

有件小事说明萨哈在印度国内对物理学革命的敏感：1919 年第一次世界大战甫告结束，由英国剑桥大学的爱丁顿教授率领一支观测队赴南非观测日食，以验证爱因斯坦所预言的光线弯曲效应，这是一个著名的轰动事件，在世界各地都引起极大反响。加尔各答的头号畅销报纸《活动家报》亦想赶这个时髦，介绍相对论及其验证情况，但一时苦于找不到熟悉此领域的学者，最后还是名不见经传的青年人萨哈自告奋勇，为报纸解决了难题。他撰写文章介绍爱因斯坦的工作和观测验证的有关情况，这可能是印度国内第一次公开发表的有关相对论的文章。此后不久，萨哈又与 S. N. 玻色合作，将爱因斯坦的一些原始论文翻译成英文，由加尔各答大学结集出版。

萨哈在自学现代物理理论的同时，亦开始了独立的研究工作，他的第一篇论文题目为《论麦克斯韦的应力》，发表在 1917 年的《哲学杂志》上。论文对庞加莱所给予电磁应力的解释提出不同看法，并从狭义相对论的观点出发，给出带电运动粒子的李纳－维谢尔势一种简单表达式。现在回看，萨哈的研究起点是相当高的，从 1917 年到 1919 年，在不到三年的时间里，他就在《哲学杂志》《物理学评论》等国际权威性科学期刊上发表了近 10 篇论文，内容涉及热力学、电磁学、狭义相对论、量子辐射理论和天体物理学等领域。此外，萨哈对实验物理也有浓厚的兴趣，他曾用拼凑起来的简单装置测量过光压，以检验麦克斯韦对此所做的预言。以前已有人做过这方面的实验，但远未形成定论，萨哈的实验相当精巧，结果也不错，可惜发表在当地的小刊物上，未引起多大注意。他在科学上的最重要工作——萨哈热电离理论——也是在此时期基本完成的，这个工作奠定了他的科学生涯。令人印象特别深刻的是，萨哈的所有这些工作，都是在印度当地进行的，而且他本人当时也没有任何赴国外学习进修的记录。所以说他是印度本土上成长起来的科学家，非常恰如其分。

这些研究成果使萨哈在科学上已具小成，加尔各答大学因此授予他博士学位。另外，他也找到了自己的另一半，一个姓罗伊的姑娘，并很快缔结了良缘。至此，萨哈多年的艰苦生活终于告一段落，以后的日子犹如顺水行舟，不再那么沉重和颠簸了。

1919 年，萨哈同时获得两项研究资助，这使他得以踏上国际科学舞台，开始了第一次欧洲之旅。他于当年 9 月搭乘"忠诚号"邮轮,扬帆向外面的世界驶去。他先到达英国伦敦,投到皇家理工学院福勒教授的门下,跟随他学习天体物理学和光谱学的理论和实验技术。在伦敦的 5 个多月里,萨哈曾去剑桥作短期访问,见到了渴慕已久的 J. J. 汤姆孙。他还改写了几篇过去完成的论文,并竭力在实验上为自己的热电离理论寻找证据。后来,福勒推荐他去德国能斯特的实验室继续寻找实验证据。由于第一次世界大战留下的阴影,能斯特一般不大喜欢英美同行来自己的实验室访问或工作,但他却接收这位印度人,还为他提供了良好的工作条件。萨哈在这儿停留了一年多,虽然找到热电离理论的一些有利证据,却还不能得出最后的定论。

他在德国的主要收获是定期参加每周在柏林大学物理研究所举行的讨论会。这个讨论会的参加者包括了德国相当一部分知名物理学家和化学家,萨哈在这里见到了许多科学大师,如普朗克、爱因斯坦、劳厄等,与他们同堂切磋,使他受益匪浅。他还把自己在伦敦改写的论文《论恒星光谱的一个物理学理论》送给慕尼黑大学的索末菲,受到索末菲高度评价,并邀请他去慕尼黑讲学。萨哈到达慕尼黑时,恰巧碰上印度诗人泰戈尔也在此访问。泰戈尔的来访引起公众的极大兴趣。索末菲也登门拜访过他,并对他谈起萨哈,极力赞扬萨哈在科学研究上的造诣和成就。第二天,当萨哈前往谒见诗人时,泰戈尔待他有如慈父,还邀请他回国后到自己家里做客。这次会见给萨哈留下终身难忘的印象,因为他一直十分景仰这位诗人,甚至到了崇拜的程度。

萨哈在慕尼黑的演讲稿被译成德文,在德国杂志上发表了。此后，他曾在瑞典逗留了一个月，后又返回英国，到牛津参加了英帝国大学会议，拜见了当时如日中天的爱丁顿勋爵。勋爵将他邀请到家做客，并把自己的助手米尔恩介绍给他。这位米尔恩后来扩展了萨哈的理论。萨哈在这里还见到了 C. G. 达尔文，他是英国著名的物理学家，也是生物进化学说的创始人 C. R. 达尔文的孙子。萨哈与之结成终身好友。

三、关于热电离理论

萨哈对物理学的最大贡献，就是提出了一个所谓"热电离理论"，关于它在物理学上的地位，美国芝加哥大学物理学家弗兰克曾这样评价说：

> 我们当时还不能预见到这个理论注定要在现代天体物理学中打开全新的一章，它的重要性是怎么估计也不过分的。

曾任哈佛大学天文台台长的门泽尔则这样写道：

> 他（萨哈）对天体物理的早期贡献正是促使我进入此领域的动力，以他名字命名的著名公式，已成为解开恒星大气之谜的钥匙。

康普顿甚至为此推荐萨哈为诺贝尔奖候选人。虽然萨哈最后并未能获得诺贝尔奖，但他的这项研究的确是天体物理学早期开创性成果之一。

自19世纪中叶光谱分析被用于恒星研究以后，积累起大量的资料，虽然有许多科学家努力钻研这些资料，但一直未能找出一种简单的办法，从整体上解释各种事实。特别是20世纪初，福勒等人系统地拍摄太阳色球光谱时，注意到一种奇怪的现象：太阳大气中钙元素的H和K线远远高于一些较轻元素如氢、氦和钠等的同类谱线。这个领域引起了萨哈的兴趣，他就是从这里入手而进入天体物理学的研究的。

萨哈首先根据量子辐射理论提出一种选择辐射压的观点，他认为光压对不同的元素存在不同方式的压力作用，特别是对钙元素的压力之强，远远超过其他元素，这就导致其谱线发生异常。萨哈关于这个问题的第一篇论文在《天体物理学杂志》上发表了，但他经过推广和精确化之后的第二篇论文，在寄给该杂志时，由于工作人员的疏忽，却被遗忘在抽屉里达18年之久，后来，1936年，当萨哈访问叶凯士天文台并询问起此事时，论文才被找出来还给了他，但时机已经错过，英国的米尔恩已在萨哈第一篇论文的启发下，发表了一系列关于此课题的文章。萨哈在自己的文章杳无音讯之后，只将其中的一小部分摘发在本地的小杂志上，没有引起任何注意。

但这项研究把他引向热电离理论。当时，爱丁顿正在构造恒星的内部结构理论，他的一项假设是：恒星内部的高温将使原子丢掉其大部分电子。这个假设只停留在定性层次上，因为不知道原子失去电子的具体过程及其机制。德国物理学家科尔舒特曾尝试给出一种解释，未果。能斯特的一名助手艾各特接着用假设电离能的办法来解决此问题。萨哈则一步就跨越了艾各特，他看出根本无须假设元素的电离能值，因为这个值直接可从元素的光谱分析中精确推出，或者从弗兰克和赫兹的电离势测定实验中实际测得。萨哈通过自学所掌握的热力学知识此时变得极为有用，他利用相平衡理论很快就得到了一个公式，在此公式中，极热气体的电离度可用气体温度和压力来表征，使爱丁顿的假设变成具体的过程。然后作为实例，他把此公式运用于解释太阳或恒星大气性质，很容易地说明了外层弧光的消失和闪光的增强是压力降低所致。根据萨哈公式，他还解释了另外一个长期悬而未决的现象，即太阳光谱中总是缺少铷和铯这两种元素特征谱线的原因，这是因为电离度随着温度的升高而增加，随着压力的增高而减小。在同等条件下，对低电离势的元素而言，其电离度必然低下。由此也可以根据电离势的大小预言热动平衡条件下元素的分布区域。萨哈的这项研究结果，以《论太阳色球中的电离》为题，发表在 1920 年英国《哲学杂志》上。文章虽是 1920 年才刊登出来，但是在 1919 年他去英国之前就已完成并寄出了。

  后来，由于优先权的考虑，曾有人对他这篇文章写于何处产生过怀疑。因为从发表的时间看，萨哈似乎有机会从福勒或者能斯特那里得到启发和指导。特别是文章刊出之前，他也见过米尔恩，而米尔恩嗣后极大地扩展了萨哈的理论。这种怀疑实质上是不相信印度人有能力在本土上做出国际水平的工作，因为后来的情况表明：当时一些大物理学家，如牛津大学物理学教授林德曼、荷兰莱顿大学的克拉默斯等也在研究同一课题,在这场竞赛中萨哈赢得了胜利。

萨哈做出这项平生最重要的贡献时,年仅 26 岁。他去英国及德国的实验室工作,中心目的就是进一步在实验上确证自己的理论。在皇家理工学院福勒的实验室工作期间,萨哈利用自己的理论,对太阳元素进行深入分析,并预言:通常太阳光谱中缺少的铷和铯两元素的谱线,将可以在太阳黑子的较冷气体中找到。这项预言几个月后便被美国威尔逊山天文台的天文学家罗素部分证实了,因为他在太阳黑子的光谱中发现了铷的共振谱线。

萨哈还与福勒合作,试图寻找计算总星系之熵的新方法,由此便可把他的热电离理论建立在一个更加稳固的基础之上,关于这些问题的论文,在 1920 年代的头几年中陆续发表出来。

萨哈公式 1933 年又由美国天体物理学家门泽尔用统计物理方法推导出来,至今仍作为天体物理的一条重要公式而被应用于研究之中。萨哈本人后来的研究工作,也大都围绕着自己的热电离理论进行。

四、教授生涯

1921 年底,萨哈从欧洲载誉归来,不料等待他的是濒于绝境的加尔各答大学理学院。

穆克伊爵士当初设立这所理学院并教授研究生水准的课程时,就遭到殖民政府当局的反对,只是由于他基本上自筹经费,所以没有被禁止,但当局并未改变对此事的懊恼,他们把这看成是一种低学术水平但却含有对英国的离心行为。尽管后来政府任命的塞德勒委员会经过考察，认为这些课程是卓有成效的，政府当局仍通过削减学校的若干财政预算来施加压力。财政上的刁难立刻使理学院的正常运行步履维艰。穆克伊发现有时连教职工的工资也开不出来了。萨哈就是在此情形下回到加尔各答的。虽然穆克伊如他不久前给萨哈的信中所应允的那样，聘萨哈为新设立的凯拉物理学教授，但萨哈很快就发现自己根本得不到一个实验室，甚至连一名助手也没有。这种情况使他难于开展任何像样的研究工作。他勉强在这儿坚持了一年，最后仍不得已而另谋出路了。

他同时接到三个以上大学的聘书，选择了其中的安拉阿巴德大学。这里地处印度北方邦东南部，是恒河与亚穆纳河的交汇处，属于印度教圣地之一。在加尔各答大学，研究气氛很浓，但各教授之间的竞争也激烈得令人窒息。而在安拉阿巴德，萨哈是唯一的物理学教授，虽没有竞争的推动力，但他却可以充分自由地利用还算不错的实验室。最使他不满意的地方是该校的图书馆太落伍了，只有一些旧书和为数不多的几种英文刊物。于是他向校方要求更新图书，不料财务长把他领到书架前，指着满架的旧书说：

请问您是否已经全看过这些书？

萨哈唯有苦笑道：

没有，没人能做到这一点。

于是乎财务长理直气壮地责问道：

既然如此，您为什么还要费钱买新书？我看您最好把这些书全读完后再来找我！

萨哈稍后欲改善实验室设备时，有过类似的遭遇。

尽管有这些小小的不愉快，萨哈仍比较喜欢这里的环境，他在这里一待就是16年，用自己的学识和心血，培养了一批又一批青年学子。他从大学一年级的课程开始，一直教到硕士毕业水平，既讲理论课，也指导实验课。事实证明他是一名优秀的教师，他的学生多次在全印度的考试竞赛中获胜，甚至有一次还包揽了全部科目的冠军，至于在北方邦，那就占绝对的优势了。他的学生中有多人后来成为著名的科学家，特别是在气象学领域，他的学生曾连续接任印度气象局的总管。

当然，萨哈并不认为考试成绩好的学生就一定能从事研究工作，他十分相信爱迪生的说法：灵感只占百分之二，百分之九十八的成功还是要靠艰苦的劳动。但他同时也认为不能从事科学研究的学生并不一定不是优秀人才，他鼓励学生在自己擅长的领域中发挥潜力，创造业绩。他的学生中也出过政府部长、大法官和企业家多人，例如，在甘地被刺案中担任法官的就是他的一位学生阿特玛奇兰，他还有一位学生穆克伊后来成为孟买电影公司的总导演。

萨哈在教学上的一个突出特点，就是注意培养学生的独立思考能力,让学生们不一定按着他的思路来解决问题。他的学生之一科萨里后来成为德里大学教授、国防部技术顾问,就是沿一条自己的道路成长起来的,但得到萨哈的大力帮助。

萨哈一边教学,一边努力开展研究。他的实验室设备不佳,需克服很大困难才能进行光谱拍摄实验。萨哈在很长一段时间里,是为健全实验室而努力。这个问题一直到 1927 年他被英国皇家学会接纳为会员,印度总督特批给他每年 5000 卢比的经费时才算初步解决。这时他的身边已聚集起一批年轻的同事和学生,大家经常利用暑假期间的三个月进行研究。此时是全年最炎热的季节,但没有教学任务,可以全力投入科研。萨哈曾接近发现复光谱的发生机理,但德国的洪德比他早几个月公布了这项发现,使他功亏一篑。这恐怕主要得归因于通信上的困难,当时无论是寄出或收到国外论文杂志,晚上一年半载是常事。萨哈徒有苦恼而已。

受弗兰克分子吸收光谱研究的启发,萨哈也带领助手和学生研究过光化学作用,获得过一些结果和新的想法。其中一部分发表在雷伊爵士的 70 寿辰纪念文集上,但大部分想法无法被彻底地研究和深化,一则是由于缺乏必要的仪器设备,二则是参加工作的大部分学生后来转到别的题目或离校而去。1930 年代中期,安拉阿巴德大学物理系在萨哈的领导下,还形成过一个所谓"电离层研究学派",对大气电离层或臭氧层进行了较系统和深入的研究工作。这个学派的活动一开始很有气势,运气也不错,头两年就获得一批成果,引起了科学界的刮目相看。但接下去的情形便有些蛇尾之象,根本原因是学术带头人萨哈于 1938 年离开了这里,其次是另一位骨干也转行到气象局当了气象学家，使学派最后落得无疾而终的结果。

但萨哈把对大气电离层的研究兴趣带到了加尔各答大学（1938年他又回到这里任帕里特物理学教授）。他的兴趣可归结为两个相关的问题：（1）垂直无线电波通过电离层的传播；（2）电离层中各分层的不同起因。这些问题都与他的热电离理论有关。在热动平衡的条件下，萨哈公式无疑是正确的。但实际上存在着大量难以完全满足平衡条件的情况，例如，太阳光落在地球大气层上就属此类。太阳光携高温而至，同时，大气层中的气体却处于远较其为低的温度状态。萨哈就此一类问题深入研究后得到许多结果，其中包括下述两点：（1）在太阳光的作用下，氧气在100千米或以上的高度被完全分解；（2）电离层中各不同分层的成因，可能源于太阳远紫外光中的单色辐射线。萨哈提议，为了证实他的预言，应在50千米以上的高度，即臭氧层以上，对太阳光谱进行拍摄。美国科罗拉多大学的研究小组后来在80千米的高度进行了拍摄，证实了萨哈的预言。

五、科学与传统文化

萨哈在预科学校和大学时的同学斯恩回忆说，萨哈最喜欢的科目是数学，次之的便是历史。他博览各种印度古籍，终生不辍，心中常常激荡着一股民族感情。但萨哈是一位真正的科学家，他深知怎样正确对待民族文化传统与科学的关系。在这方面他有大量精辟的论述。

1925 年，他被选为印度科学会议物理分会主席。在就职演说中，他一方面斥责了贬低印度文化的观点：

> 有一种普遍的想法，即认为那些我们今天正在教授给学生的创造性工作从未在这个国家中出现过，是完全从欧洲输入的。这仅仅是半个真理，否则，我们决不会有富有成果的医学、天文学和数学。

另一方面他也对盲目自信、夜郎自大的观点进行了抨击，他引述自己一位老师的话说：

> 我已从贤哲们的嘴里听到了许多，我也在典籍中看到了许多，但我决不轻信任何未经我验证的东西……很不幸地，在印度，这个真知灼见被愚昧蒙蔽了，人们只把古代经典奉为最高的学术。……但最近的一些例证表明，印度人的大脑在创造性科学工作上是极有潜力的。

萨哈对甘地所领导的不合作运动和其他自由运动怀有敬意，并给予过多种帮助，但他却反对那种倒退式的复古主义，这特别表现在他对一些诸如"回归村社""尊崇卡搭"[1]等复古口号的激烈批评上。他认为这些口号不仅无益，而且有害。为自由而战，决不意味

---

[1] 卡搭，Khaddar，即印度土布做的头巾。

着为贫穷或愚昧而战。独立正是为了更好地消除贫困，而不是回归愚昧。科学技术应是自由的同盟者，而不像提倡复古主义者所讲的那样，是自由的敌人，他认为社会公众被那些错误的口号误导了，因此，有必要大力扫除错误观念的流行。为此，他写了一系列的文章，包括《论工业化的哲学》《再思我们的未来》《对印度的一个普通答案》等，大部分发表在他参与创办的《科学与文化》杂志里。

萨哈是一个言行一致者，最典型的事例，是他顶住来自各方面的压力，从不佩戴"卡搭"，这个行动使他甚至招致许多亲密朋友的责难。有一次他的师长和朋友雷伊一定要他回答不戴卡搭的具体理由。萨哈坦率地说：

卡搭通常是用来遮盖深重罪孽的，但我没什么罪孽要掩盖，所以我没有必要戴那玩意儿。

朋友说他反对印度的传统，他就引用著名吠陀预言家雅根亚沃卡的事例作为回答：他与老师瓦什姆帕亚那就其所教的《黑耶柔吠陀》发生了争执，雅根亚沃卡直率地告诉自己的老师，他认为老师的教法和解释都是错误的。据说老师听后大怒，勒令学生把从他这儿所学的全部知识如数归还，雅根亚沃卡立即把知识吐了出来。这些知识被传说中的神奇鹧鸪鸟提提拉吃掉了，而雅根亚沃卡与老师断绝关系后，却创建了一个全新的体系《白耶柔吠陀》。

当印度独立后，萨哈在朋友们的鼓动下准备竞选议会议员时，拒绝佩戴卡搭的行为又给他带来了麻烦。萨哈一直遵循自己青年时代立下的规则：与政治保持一定距离。但他又常常鼓吹科学研究应当有计划，为此他曾致力于各种组建全国性科学组织的活动。独立后，朋友们责问他：既然你一贯鼓动制订全国性的科研规划和工业发展规划，现在机会来了，你为什么不积极介入，发挥影响力以实现自己的设想呢？于是萨哈决定以无党派人士的身份参加人民院议员的竞选活动。一位极有影响的国会参议员有一天访问了他，并提出一连串的问题：

问：您为什么要跻身于人民院的选举？

答：我是在朋友的鼓动下参加的，他们认为我的关于国家计划、工业化和河流整治计划的建议将对政府很有帮助。

问：您知道您的资格是不能被接受的吗？

答：我并不知道为什么。

问：因为您总是出言不逊地反对恰卡[1]和卡搭，而它们是议会活动的基本条件。那么您准备放弃原来的主张吗？

答：绝对不。

问：为什么？

答：因为我相信并且已证明过我的主张，即提倡那些原始技术表现出倒退和反科学的心理状态，而处于这种心理状态的人一旦掌握了权力，必将给国家带来灾难。

1　恰卡，Charka，民间纺纱轮。

问：如果这就是您的观点，那么您将失去竞选议员的资格。

答：如果这就是你们的条件，那么我将不屑于获得这个资格，因为我喜爱科学远甚于你们的那些口号。

结果萨哈自动退出了选举，任凭朋友们百般劝说也无用。有趣的是，那群卡搭迷议员不久又被一群反卡搭的议员所取代。1951年，当萨哈再次参加选举时，以极大的优势当选为人民院议员。

六、科学活动家

20世纪初，现代科学的种子开始在印度土地上播种和发芽。标志之一便是各种专业学会纷纷建立，如1907年成立的印度数学学会、1909年成立的印度科学促进会、1914年成立的印度科学会议等等。1930年以前所组建成立的各种科学类社团约有30个。萨哈是推进此类科学建制化活动的积极分子。早在1925年，他就被选为印度科学会议数理分会的主席；1931年，他一手创办了北方邦科学院，并担任该院第一任院长。1932年3月，北方邦科学院落成并正式开展活动，萨哈在自己的就职演讲中特别强调要将科学精神引入印度，要利用科学技术来解决这个国家的经济问题。他在最后这样说道：

实际上对许多思想家而言，当今世界上的大量罪恶乃是源于人类组织系统已无法适应不断变化的条件。由于通信方法的改变使不同地区能更快地联系和沟通,这个世界正在变成经济和文化上的统一单元,但政治家却仍坚持着他们的奥林匹亚时代的观点。

他抨击了狭隘的民族主义情绪与科学精神不相符,并警告如不彻底改变这种情绪,就有引发新的世界大战的危险。仅仅 7 年之后,他的话不幸言中了。

1934 年,北方邦科学院更名为"国家科学院",在这个科学院的一系列早期活动中,后来成为印度总理的尼赫鲁曾多有参与,他的某些思想,如经济计划、科技对经济的作用等,肯定受到萨哈的巨大影响。萨哈后来与尼赫鲁一直保持密切的关系,成为他的科学顾问。

与北方邦科学院先后成立的地方性科学院还有由 C. V. 拉曼领导的班加罗尔的印度科学院。萨哈对这种状况不很满意,他希望能够以英国皇家学会或普鲁士科学院为蓝本,建立起一个全印度统一的科学院。1934 年,他利用在孟买参加印度科学会议第 21 届年会的机会,正式提出了自己的建议:建立一个全印科学院,其地位应处于科学金字塔的顶端,其成员既有荣誉性质也有学术上的权威性。其主要功能应包括向国家科学研究基金的管理提出决定性建议,对国家事务从科技方面提出建议,代表印度开展国际科技交流等。孟买会议十分重视萨哈的建议,很快便组织了一个专门委员会研究萨哈建议的可行性。最后,经各地方科学团体和机构同意,决定成立名为"印度科学研究院"的组织,作为萨哈提议中的全印最高科学机构，之所以称为"研究院"是鉴于当时印度已有数个"科学院"，而在法语中，科学院乃是研究院的分支机构。印度科学研究院成立于1935年，是现在的印度科学院（1970年改此名）的前身，萨哈开始时任副院长，1937年至1939年成为其第二任院长。

萨哈也是印度最早倡议国家规模河流整治的著名科学家之一。他对水患问题的关注，始于学生时代。1913年，他亲眼看到了加尔各答近郊达莫德尔河一场洪水所造成的灾难，从此便积极参加赈济灾民的活动，他与雷伊爵士一起建立了一个北孟加拉救援委员会，并担任委员会的宣传工作。这个委员会为灾民募集过大量款项和物资，萨哈在其中发挥了重要作用。1923年达莫德尔河又一次泛滥时，萨哈甚至扔下自己的研究和教学工作，全力以赴投入到救援会的工作。作为委员会的宣传负责人，萨哈撰写了许多有关水患的文章。他认为若想根除水灾，首先必须对河流进行彻底的调查和研究，然后在国家的统一规划下进行整治。作为科学家，他特别提议成立一个水力学研究实验室，全面研究水灾问题和水力的利用问题。他的建议直到第二次世界大战即将结束之际才得以实现：在加尔各答以北20英里处建立了一个"孟加拉河流研究所"。萨哈本人曾进行过大量水力学方面的研究，他以达莫德尔河为例，分析了河流系统的治理和利用等。他的研究在第二次世界大战结束后受到尼赫鲁和其他政治家的高度重视，使他成为独立后印度政府整治河流问题的高级顾问。

1938年，萨哈重返加尔各答大学，接替退休的 J. D. 玻色执掌帕里特物理学教席时，已被一个新兴的领域——核物理学所吸引。

当时印度几乎没什么人注意到这个领域，而萨哈则因1936年去美国访问时，参观过加州大学伯克利分校劳伦斯的加速器实验室，途经哥本哈根时，又从玻尔及其同事和学生那里听到许多有关核研究的议论，这些都给他留下深刻印象。1939年初，哈恩和迈特纳发现核裂变的消息传来，更使萨哈意识到这个领域的巨大潜力和尽快开展研究的必要性。但他同时也深知研究需要大量经费投入，不可能由大学独力承担或仅靠私人捐助，只能依赖政府支持。但在英国殖民政府统治下，这种支持绝无可能。萨哈费尽心思，想出一条解决办法：他利用自己担任"国家计划委员会"顾问的身份，与该会主席尼赫鲁多次交涉，反复陈明核能对国家的重大意义，终于获得6万卢比的拨款，用以在加尔各答大学建立一个核物理研究所。萨哈与同事一道从美国购进制造加速器的巨大磁铁和别的仪器，同时自己动手解决电力供应设备和真空装置等。这个所于1944年建成，这可能是亚洲最早的核能专门研究机构之一。萨哈于该所建成的当年又去美国考察过一次，但一无所获。因为当时已是第二次世界大战的紧要关头，美国的核武器研制正进入白热化阶段，一切核能资料都成了最高级军事机密，随便打听要犯美国的大忌。虽然萨哈在美国有许多物理学家朋友，但没有一个人敢向他泄漏一丝有关核能研究的情况。萨哈以被美国情报人员传讯过两次的代价，换得空手而归的结果。

二战后的1949年，独立后的印度政府成立了原子能委员会，但萨哈却遇上了麻烦，因为该委员会竟然未将培养核能人才列入计划。这样一来，以培养研究人员为宗旨的加尔各答大学核物理研究所将难以得到政府足够的财政支持。此外，萨哈还面临着另一重难题：研究所的实际领导权操在加尔各答大学当局手中，而几年来的经验证明，那是一种没任何效率的领导。萨哈利用自己的影响，首先说服大学当局，然后又代表大学当局与政府进行磋商，最后终于达成了协议：将该研究所变为由政府和大学共同管理的准官方全国性核能机构。管理者为一个9人委员会，其中政府与大学各任命4人，萨哈本人则为终身委员兼研究所所长。这就保证了经费来源，为印度的核能研究和人才培养建立了一个稳固的基地。

在筹建核物理研究所的过程中，萨哈一直坚持核物理的研究和指导研究生的工作。他开始时从宇宙射线着手，用威尔逊云室测量中微子的寿命等。他也致力于理论探索，寻找不稳定核的 β 放射能量释放表达式。这些研究皆取得良好效果，他在此领域发表了数十篇论文。

1940年代中期，萨哈还被选为"印度科学培育协会"的副主席和秘书长，从此他极力推动这个印度最早科学团体（建于1876年）向正规化方向发展，使其成为印度科学组织系统中一个重要成员。

萨哈之所以努力推动科学活动，基本动机就是希望以科学的发展带动经济的发展。他曾这样说：

> 如果我们想成功地与困扰着我国90%人民的贫穷做斗争，建立富裕和进步生活的基础，我们就必须最大限度地利用自然界给予我们的知识。

他对科学的社会功能有充分的认识，这使他在自己的晚年基本上放弃了不涉足政界的念头，转而积极参与各种社会活动，为推动印度科学的发展以及科学的应用做出了巨大贡献。作为一位科学活动家，他的影响在印度科学界独步一时。

萨哈在科学上的创建、他的思想和他在印度社会活动中所发挥的作用，赢得了人们的普遍尊敬。1953 年，当他 60 寿辰时，由他的学生之一、德里大学天体物理学教授科萨里发起成立了一个萨哈 60 寿辰庆祝委员会，委员会成员几乎包括当时所有著名的印度科学家。委员会收集到大量的萨哈研究手稿、文章和照片等原始资料，并收到来自世界各地及印度国内的许多贺信及回忆文章，最后编辑成一本萨哈纪念文集。当时萨哈本人身体十分健康，他仍忙于核物理研究所和印度科学培育协会的各项工作。1956 年初，萨哈为核物理所的某些问题而赶赴新德里，与有关政府部门进行协商。不料旅途的劳累使他病倒了。几天之后的 1956 年 2 月 16 日，萨哈不幸逝世，离他 60 寿辰庆祝活动过去还不到 3 年。

萨哈一生致力于科学研究，后半生更是努力担负起科学家的社会责任。在前一方面，他一生发表论文逾百篇、学术专著 4 部；在后一方面，他发表的科学与文化及有关教育、计划、河谷整治、原子能利用等各种文章也超过了 100 篇，真可谓著作等身，功勋卓著。为了纪念他，1958 年，印度科学研究院决定设立萨哈科学奖，这是科学院首次以人名命名的奖项，有趣的是，第一个获奖人便是萨哈的同学兼好友 S. N. 玻色。

最后，让我们引用一段英国科学史家李约瑟的话作为结束。李

约瑟在他致萨哈60寿辰庆祝委员会的贺信中写道:

  作为印度最杰出的科学家之一,萨哈教授的智慧之光远远超出自然科学本身,他毅然承担起科学家的社会责任,就像今天印度民族在国际上所起的作用一样,他在印度社会中发挥了卓越的作用。

(作者:王大明)

萨拉姆

第一个获得诺贝尔物理学奖的穆斯林

阿卜杜斯·萨拉姆
(Abdus Salam, 1926—1996)

从牛顿写作其伟大著作《自然哲学的数学原理》首先提出万有引力理论的1680年代起，中间经过麦克斯韦方程组的建立到1930年代哈恩和迈特纳发现原子核裂变现象、费米提出中子衰变理论以及日本的汤川秀树创立原子核内部粒子相互作用的介子理论止，经过了大约两个半世纪的漫长岁月，和无数近现代物理学家的不懈努力，人们才基本弄清了自然界存在的几乎可以将所有物质运动的原因都囊括其中的四种基本相互作用力，即长程的牛顿质量万有引力、中程的电磁作用力、短程的弱相互作用力和强相互作用力。前两种主要表现为宏观物理和中观化学与生物等现象，后两种则局限在微观世界，是原子核及所谓基本粒子得以存在变化的基本动力。

伟大的爱因斯坦认为自然界是统一的，不应该把它人为地分为四个不同部分。所以他在其后半生中的大部分时间里，都在追求一种所谓"大统一理论"，即试图将这四种基本相互作用统一起来，纳入到一个完整结构中的理论。当然他个人的努力失败了，但他的这个理想追求却遗留下来，激励着后辈物理学家们继续朝着这个方向迈进。在后代的努力中，最早获得成果的就是"弱电统一理论"，即将电磁作用和弱相互作用在某种程度上统一起来的理论模型。提出类似理论模型的共有三位物理学家，他们是美国的S.格拉肖、S. 温伯格和巴基斯坦的 A. 萨拉姆。他们三人因为这项贡献，于 1979 年共同获得了诺贝尔物理学奖。

前两人作为科技强国美国的物理学家，获得诺贝尔奖似乎是在意料之中的事，而第三位的巴基斯坦人萨拉姆，不但是个相对落后国家出来的人，而且还是个伊斯兰教徒，他的获奖多少有些出乎一般人想象。其实从他的成长经历看，他不但能秉承东方文明的传统，而且能透彻地理解西方文明的精华，是一位天才物理学家，他的获奖完全在情理之中。

一、家庭背景和早期岁月

阿卜杜斯·萨拉姆于 1926 年 1 月 29 日出生于当时还属于印度旁遮普邦下属农业区江格县的一个小镇子里，1947 年印度和巴基斯坦同时独立，该地划归巴基斯坦，所以萨拉姆最后应算是巴基斯坦人。当然更重要的是，他的家庭是个伊斯兰教家庭，而巴基斯坦与印度分离的主要因素就是宗教信仰上的差异，所以，从精神意识的角度来讲，萨拉姆也应归属于伊斯兰教国家巴基斯坦。

萨拉姆的家庭算是当地一个乡绅家庭或者也可说是个书香门第。他的祖父是镇子上的宗教学者兼传统医生，在当地很受人尊敬。萨拉姆的父亲虽然也是穆斯林，但接受的是英国殖民政府相对现代的教育，和当地普通人相比，不但会说英文，而且各方面都具有较高素养。这是因为他一方面继承了伊斯兰教的传统文化，另一方面也从西化教育中接触到西方文化，所以能够同时汲取两种文化的营养。这个特点对于萨拉姆后来的成长可能具有决定性作用。在职业上，他父亲一开始充任了当地的中学教师，后来升任江格县教育办公室主任，成为一个小官吏。其家庭生活算不上特别富裕，但也并不贫困，是个比上不足比下有余的状况。因此，父亲对于作为长子的萨拉姆寄予了无限希望，期盼他能出人头地，光耀门楣。

萨拉姆是他父亲第二个妻子的第一个孩子，第一个妻子因难产而去世，留下一个女儿。所以萨拉姆上面还有个姐姐。而他下面有六个弟弟和一个妹妹，所以这是个很大的家庭。但作为被寄予厚望的长子，萨拉姆从小就得到了父母无微不至的照顾和偏爱。他母亲来自一个虔诚的伊斯兰教徒家庭，母亲的哥哥是个伊斯兰传教士，成年后在非洲传教20多年，在当地很有影响。所以萨拉姆从小就在母亲的影响下，成为一个虔诚的穆斯林。

萨拉姆6岁半在当地的小学上学，是个安静听话的学生。一般人认为只有那些从小不安分的孩子日后才可能成为天才人物，但这个规律并不适用于萨拉姆。因为他虽然并不像一般男孩那样调皮捣蛋，但学习却非常优异，8岁的时候就升到了四年级，用一年多时间读完了一般小孩四年才能读完的课程，而且还取得了第一名的好成绩。他的小学成绩单上有这样的记载：

阿卜杜斯·萨拉姆在江格中心小学于1934年3月举行的四年级考试中名列第一。

他在当地读完小学和中学，1940年14岁时以江格县考试成绩第一名的资格进入旁遮普邦首府拉合尔的政府学院读大学。该校有印度教、锡克教和伊斯兰教等不同信仰的学生，所以在某种程度上以不同信仰为群体展开了彼此之间的竞争。而萨拉姆作为一个穆斯林，由于他的学习成绩优秀，所以经常成为穆斯林学生群体的代表人物。这种宗教性竞争的激励，无意中成了萨拉姆学业的重要动力。

另一个动力来自对未来道路的设计。在那个巴基斯坦还没有独立、整个印度还处于英国殖民统治下的时代，一般学子最好的出路，就是大学毕业后通过文官选拔考试，然后谋得一个稳定的体制内政府官吏职位，这样首先就能保证自己和家庭的衣食无忧。如果日后能够步步高升，最后进入高级官吏行列，则不但衣食无忧，还能够光宗耀祖。实际上，萨拉姆的父亲从一开始就给儿子选择了这条可以通往"罗马"的平坦大道作为人生目标。而作为一个从小就很懂事听话的孩子，萨拉姆自己也一直为此而努力学习。但这种通道因为第二次世界大战的爆发而发生了变故，主要是英国殖民政府因忙于应付战争，无限期地暂停了文官系统的选拔考试，这就给很多原来准备走这条道路的学子带来了选择上的麻烦。对于萨拉姆而言，他的成绩一直是全校第一，通过文官考试似乎犹如囊中取物，等于说是在胜利果实已经触手可得的时候，进出的大门却突然关闭了，这得是多么大的打击啊！

但让萨拉姆感到些许安慰的有两件事：一件是选拔考试不过是"暂停"，也许未来还有机会，所以得继续做好一切准备而不能有所松懈；另一件是在他努力学习的过程中，一些科目本身所散发出来的魅力吸引了他的注意力，当然也就分散了对于原来人生目标追求的聚焦。这些吸引他的学习科目，最早的一个是数学。其证据就是1942年，当萨拉姆还是大学二年级学生的时候，他就写了一篇研究论文，题目是《拉马努金的一个问题》，发表在1943年当地的一份大学生期刊上。论文中，萨拉姆对拉马努金所提出的一个解代数方程的方法进行了优化，得到了更加简洁可行的方案。以此为起点，萨拉姆开始进入了科学领域畅游，甚至有时候都忘记了父亲为自己制定的成为文官的人生目标。

萨拉姆在拉合尔政府学院于1944年获得学士学位，两年后又获得硕士学位。在文官道路仍然关闭不通的情况下，他最终听从兴趣的召唤，走上了科学研究的道路。这里面也有几分运气因素：第一个幸运之处是，当地有位富商为支持第二次世界大战的进行建立了一个基金，但钱还没花完战争却结束了，于是这笔钱被转用来作为奖学金资助当地优秀学生去英国留学，而萨拉姆顺利考取了这个奖学金，从而获得赴英国留学的机会。1946年9月，萨拉姆乘船到英国，进入剑桥大学的圣约翰学院攻读博士学位。第二个幸运之处是，就在他刚刚获得奖学金赴英国留学不久，这个奖学金却因为印度与巴基斯坦的"印巴分治"而取消了。就差一步，萨拉姆将无缘剑桥大学。[1]如果他那时留在巴基斯坦，则命运如何殊难预料。第三个幸运之处是，剑桥大学圣约翰学院恰恰就在那个时候需要招收数学物理专业的学生，因为量子物理大师狄拉克那时就在圣约翰学院

---

[1] 实际上，当初与他一块获得奖学金的五个人当中，只有他一人真正到了英国学习，其他四个人就因为拖延了几个月而被取消资格，最终没能留学成功。

教书，需要有学生听课。于是，萨拉姆三星高照、运气极佳地成为狄拉克的学生之一。从此，萨拉姆开启了一场科学上的开挂人生。

二、剑桥求学与量子场论重整化

1946年，当20岁的萨拉姆投入剑桥大学圣约翰学院开始科学上的进一步深造时，始于世纪之初的物理学革命实际上已经到了尾声。先是爱因斯坦的狭义相对论和广义相对论风靡科学界，然后是普朗克引入量子概念，之后由玻尔、海森伯、泡利、薛定谔等一大批物理学家发展为整套的量子力学理论，最后又由狄拉克等将两者结合起来，形成了相对论性量子力学，整个新物理学的基础由此奠定。

新的范式建立起来后，接下来的问题就是如何将其应用到解决具体的物理难题中去，例如，对于电子、光子、原子核中的质子和中子等当时已知的基本粒子，如何计算和预言它们之间的相互作用。日本物理学家汤川秀树引入了"介子"场来描述原子核中质子与中子间的相互作用，费米则引入"中微子"来解释原子核衰变时的弱相互作用。特别是结合经典电磁场理论和实验，物理学家们逐渐建立起所谓"量子电动力学"以及推广到其他基本粒子场的"量子场论"，而且，该理论被称为"标准理论"。但在理论的发展中，也发现了一些难以理解的问题，其中一个最典型的难题是，如果用量子理论解释电子行为，例如，当一个原子中的电子短暂地变为一个光子加一个电子（例如量子跃迁过程），那么对于这个两粒子系统（电子＋光子），虽然其总动量等于初始电子的动量，但其动量的组合方式却有无穷多种，由此将导致初始电子动能可能出现无穷大的情况。而这明显是错误的，因为实际的初始电子动能肯定不会是无穷大。物理学家们发现不仅是对电子的产生和湮灭，在其他一些诸如电场激发产生"真空极性"、原子核衰变发射电子和虚拟"中微子"等场合，也都存在着各种所谓"无穷大"难题和需要假设存在着各种虚拟粒子（例如"中微子""介子"等）的问题。为了消除量子场论中形形色色的无穷大难题，物理学家提出了很多办法，主要就是利用物理参数的重新定义或调整数学方法以处理和回避无穷大，此即量子场论"标准理论"的"重整化"。

萨拉姆到剑桥学习的时候，适逢重整化进入一个小高潮时期。当时主要有三条重整化路径，其一是日本物理学家朝永振一郎的变分法，其二是美国施温格尔的协变法，其三是美国费恩曼的路径积分法。不久之后的 1949 年，普林斯顿的英裔物理学家戴森证明三种方法在数学上是等价的。这些物理学上的进展，年轻的萨拉姆并未能直接参与，作为剑桥的大学生，他只是个旁观者，但又是个近距离观察者。特别是上述这些人当中的最后一位综合贡献者戴森，此前也是剑桥毕业生，曾在三一学院跟随著名数学家哈代攻读数学，后来与萨拉姆有过交集。萨拉姆之所以选择量子场论作为博士论文题目，也与戴森的点拨有很大关系。

当然，在 1946—1949 年的时候，萨拉姆还是个初学者，没来得及参与这些早期的工作。但他学习成绩优异，最终获得了剑桥大学圣约翰学院数学物理双第一的荣誉学士学位，然后就返回了巴基斯坦。此时，地方的文官选拔考试又开始举办，但这对萨拉姆已经没有多大吸引力了,他已经选定了科学研究作为自己的终身职业。回国来只是为了迎娶父母为他预定好的未婚妻,等待了他好几年的表妹伊姆图尔·哈菲兹。婚后不到半年,他就返回英国剑桥,继续自己的科学事业。因其在圣约翰学院的优异成绩,使得他此次有机会进入了剑桥著名的卡文迪许实验室攻读博士学位,但萨拉姆很快就发现自己没有什么实验才能,他后来坦诚地写道:

> 做实验,需要一种我不具备的品质——耐心和摆弄仪器的本事。我知道我干不了,根本不行,我恰恰缺少耐心。

所以进入卡文迪许实验室后,萨拉姆放弃了实验方面的尝试,全力集中于理论钻研。而他所钻研的理论,就是量子场论中的标准理论,特别是介子理论的重整化,即在戴森工作的基础上加以扩展和优化,得到更明确的结果。正如派斯在《基本粒子物理学史》一书中所说:

> ……根据戴森在1949年陈述的一条基本定理,对于每一阶次,有三种并且只需三种重整化就够了……此定理的复杂证明发轫于戴森,订正于萨拉姆,精炼于温伯格,并由其他人详细阐述。

萨拉姆自己后来也写道:

我是由于弗里曼·戴森的帮助才卷入这个问题的。他是负责整个发展的人，也列出了重整化提纲，需要指出的是，他列这一提纲是为了研究电动力学的规则，而不是为了研究介子理论。戴森那时碰巧在英国。于是我打电话对他说："也许你能帮助我解决这个使我们大家都感到困难的问题——介子理论的中心问题。我可以去拜访你吗？"戴森说他明天就要回美国，要我马上去见他。这又是一次影响我一生的偶然事件。当我见到戴森，并向他征求答案时，他回答说："我没有答案，只有一个推测。"当我听到这话时，吃惊得就像大地从脚底下滑走了一样。因为对我来说，戴森简直就像个神人，我原来指望他是知道所有这些答案的。无论如何，他对这一题目给予了高度启发性的讲解，从而把我推上了正确的轨道。最后，我终于证明出戴森的推测是正确的。这使我获得了博士学位，并且立即得到了普林斯顿研究员的职位。

萨拉姆当时并没有立即去普林斯顿高级研究院就职，而是在1951年又返回到祖国巴基斯坦，就任了拉合尔大学的数学系主任。获得博士学位时他只有25岁，心中充满对祖国的热爱和感恩，当然也可能还有对父母和妻子的个人感情，所以获得博士学位后他毫不迟疑地返回了巴基斯坦，既可为国效力，也可就近照顾自己的家人。他就任拉合尔大学的职位后，一做就是三年。但在这三年里，因为当时巴基斯坦大学机构官僚作风的打击，并没有能够进一步激发他回报祖国的豪情,相反倒是给他带来了满怀沮丧。例如,在1951年圣诞节,著名物理学家泡利到印度的孟买访问讲学,萨拉姆前往听讲并与泡利交流,却不料遭到拉合尔大学当局的训诫,说他此举属于"旷工",要进行处罚。相当于大学教授不能根据自己的需要进行学术交流,得由管理当局来决定一切,这样的外行粗暴管理内行的行为,肯定让教授难以接受。另外,那时该学校也没有其他高水平的数学和物理学者,学生也普遍不喜欢难度很大的纯科学教学内容,大都将上学当成未来投身文官系统的敲门砖。最后,学校的图书和期刊资料也非常缺乏。毫无疑问,对于一个世界顶尖的理论物理学家而言,这种环境是相当苦闷和封闭的。所以,萨拉姆在忍受了三年学术上的封闭生活之后,不得已重新返回英国也就不难理解了。

除此之外,还有一个社会原因值得提及,那就是宗教教派之间的矛盾。萨拉姆家族信仰伊斯兰教,但他父亲加入的是一个称为"艾哈迈迪"的教派,所以萨拉姆跟随父亲自然也是这个教派的穆斯林。但实际上,这个教派是在19世纪末才创立的新教派,在当时的巴基斯坦社会中属于支流少数派,很多时候甚至还处于一种因为被压迫而不断反抗的状态。就在萨拉姆任拉合尔大学数学教授期间,旁遮普邦就发生了一次迫害艾哈迈迪教派的暴乱事件,很多艾哈迈迪教派信徒因此遭到了噩运。这种情况刺激了作为艾哈迈迪穆斯林的萨拉姆,使他最终下定决心离开家乡——1954年初,他带着妻子和孩子回到英国剑桥大学,担任了大学讲师,也开启了他科学生涯的最重要收获期。

三、宇称不守恒、三种玻色子与弱电统一理论

萨拉姆赴英国剑桥担任讲师,据说是该校历史上第一个穆斯林教师。而且他的这次赴英,也得到了旁遮普政府的同意,每个月还发给他 180 卢比的特殊津贴。而剑桥大学的报酬则达到每年 800 英镑。他的教学职责是主讲圣约翰学院的"狄拉克课"[1],即毕业班的量子力学综合讲座。但他仍未放松科学研究工作,在剑桥的三年里,连续发表了多篇重要研究论文,内容包括量子场论、强相互作用和弱相互作用,其中也提及了宇称问题等。

1957 年,刚刚 31 岁的萨拉姆已经在国际核物理界享有很高声望,被英国帝国理工学院聘为教授,这也创造了穆斯林学者在西方科学界所任职位的新记录。据说剑桥的教授们曾劝告萨拉姆不要去那个"铁匠学院"——这是当时很多英国学者对帝国理工学院的戏称,但萨拉姆为了摆脱剑桥讲师繁重的教学和学生督导工作,更好地投入到研究中去,权衡再三,最终还是接受邀请到帝国理工学院担任了理论物理学教授,年薪达到 3000 英镑。

从 1957 年到 1964 年,萨拉姆在帝国理工学院工作了 8 年,前后发表了 50 多篇论文,在规范场论、宇称不守恒和初步的弱电统一理论方面做出了卓有成效的探索工作。在宇称不守恒理论方面,萨拉姆实际上差不多比李政道和杨振宁略微晚一步得到了这个猜测。

---

[1] 本应由狄拉克上的课,但因狄大师经常忙于科研、会议或其他活动,便由别人代替上课。但对代替的人实际上都有严格要求,并非随便找人代替。

1956年当萨拉姆参加一个在美国西雅图举行的粒子物理学会议之后,在返回途中突然领悟到了宇称不守恒与中微子必须零质量光速传播所导致难题之间的联系。他回忆说:

> 那一年(1956年),我在西雅图会议上听到杨振宁教授讲到他和李政道教授关于到目前为止还神圣不可侵犯的左右对称原理,在弱核力的范围里有遭到破坏的可能性。李-杨认为,在弱核力的相互作用中放弃左右对称,$\tau-\theta$ 之谜就会有一个可能解。我记得在返回伦敦的飞机上……无法入睡,一直在考虑,大自然为什么就应该在弱相互作用中破坏左右对称,大多数弱相互作用的特点与泡利中微子辐射现象有关。在飞越大西洋时,我想起了关于中微子的一个富有创意的问题,那是几年前在我通过博士学位答辩时,派尔斯教授曾问我:根据麦克斯韦电磁规范对称原理,光子是没有质量的;那么,为什么中微子也没有质量?

当时,不但萨拉姆并不晓得个中原因,提出问题的派尔斯自己实际上也不知道究竟为何。就在萨拉姆飞越大西洋的时候,他的脑中突然灵光闪现,即在弱相互作用的解释中其实可以有两种选择,或者是完全满足左右对称的以光速运动的零质量中微子方案,或者是有一个微小质量的中微子,但其传播速度却应小于光速。前一种选择可以完全满足作为自然界基本美学原理的左右对称性,而后一种则将破坏表面的左右对称即宇称守恒，但在理论上却依然可以成立，并且完全解决了诸如 τ-θ 之谜的难题，此即所谓底层场的对称破缺。他将此研究写成论文发表后，却没有得到多少反响，直到 1957 年吴健雄等人从实验上证明了宇称不守恒在弱相互作用中的确不成立，李－杨由此获得了当年的诺贝尔物理学奖。曾有人认为萨拉姆也应一起分享这个奖，但从提出的时间上看，李－杨的优先权并无可挑剔之处。

宇称不守恒问题是萨拉姆在后来攻克弱电统一理论过程中的一个步骤，中间还经历了他对杨振宁－米尔斯所提出的规范不变性场方程之外的独立规范不变性条件的研究。这也是他对宇称不守恒问题研究的延续。在其中，他预言了两种带电的中等质量粒子参与了弱相互作用的传递过程。这两种粒子就是著名的 $W^{\pm}$，是矢量玻色子。但他的研究曾经遭遇了泡利等人的质疑，泡利问道：

> 你的论文有些不明之点，如果静止质量是无限大（或非常大），它怎么能和规范转换 $\beta\mu \to \beta\mu + \gamma\mu A$ 一致？每个读者都会明白你有意识地在这里隐藏了什么东西，并会向你提出同样的问题。

泡利这里指出的就是萨拉姆最早将弱相互作用的 β 衰变和电磁作用的 γ 辐射结合到一起的问题。萨拉姆提出在弱相互作用过程中，为了保持类似电磁场中电子通过交换光子来产生相互作用电磁理论规范不变性，其中就应该存在着类似光子那样的短暂过程性交换的中间粒子，其性质是一种自旋为整数的玻色子，萨拉姆称其为 W^+，它的反粒子是 W^-，通常将正粒子与反粒子一起写作为 $W^\pm$；而为了统一处理弱相互作用和电磁相互作用，则又需将 $W^\pm$ 与 γ 辐射光子当作同一类粒子，但它们之间存在着差异，这就需要引入第三种质量更大的中性粒子，萨拉姆称其为 Z^0，这样才能相互协调，满足规范场转换的不变性。在这里，萨拉姆又预言了第三种玻色子 Z^0。这个粒子的预言后来在 1973 年欧洲核子中心实验室得到了证明，由此证明萨拉姆关于弱相互作用与电磁相互作用的统一理论符合实验事实，因而是成立的，此为后话。在这个理论中，萨拉姆认为存在着一种中性流，弱相互作用与电磁相互作用不过是这种中性流的两个分量，或者两种不同的表现。因此，弱相互作用与电磁场是可以统一使用同样的理论方式进行处理的，同时，由于底层场的对称破缺，从而可以自然而然地推出弱相互作用中宇称必然是不守恒的。

由于这些杰出的研究工作，1959 年，当萨拉姆只有 33 岁时，就被推选为英国皇家学会会员，并在之后的几年中获得了一系列奖励和荣誉，成为国际粒子物理学界的著名人物。

在此期间，由于更多的实验装置和技术例如加速器、宇宙射线探测仪等不断投入使用，并且性能也得到迅速改进，实验中所发现的基本粒子越来越多，粒子理论物理学家们却沮丧地发现，规范场论的重整化理论面临很多困难，首先是量子场论在弱相互作用中实际上无法有效"重整化"，对于强相互作用则完全无用，导致大量粒子行为无法给出有效预言。因此，粒子物理学亟待另辟蹊径来寻求处理这些粒子的理论问题。

面对新发现的令人眼花缭乱的众多基本粒子，为厘清其相互联系，很多物理学家都投入了大量的精力进行研究。海森伯认为质子与中子除有无电荷的差别外，在其他方面，特别是在质量上，几乎没有区别，因此，在物理处理上可视为是同一类粒子，或者是一个矢量的两个分量，亦即所谓"双重态"。而日本物理学家坂田昌一等从1955年开始，提出了所谓"坂田模型""名古屋模型"以及"四重态模型"等理论假设，认为大多数基本粒子可能都是由三种更基础性粒子，即质子、中子和1949年发现的具有奇异性的λ粒子及其反粒子所构成。这个思路启发了在英国帝国理工学院的萨拉姆及其合作者沃德和来自以色列的学生奈曼等认识到粒子整体对称性对粒子家族分类的重要性，从而提出多重态的自旋介子假说。他们的工作进而启发了美国的盖尔曼和他的学生茨威格分别提出"八重态模型"以及"夸克模型"。盖尔曼还依据此模型以及对称性预言了一种新的高奇异数粒子Ω粒子的存在，这种粒子于1964年在实验中被发现而得到了验证，盖尔曼因此获得了1969年的诺贝尔物理学奖。

当时，依据大小、质量、寿命、自旋、对称性、守恒等参数，粒子物理学已经为大量粒子找到了家族谱系的基本来龙去脉，从而初步建立起以轻子、重子（或强子）和夸克等为标志的分类体系。这些分类的本质与电磁作用、弱相互作用和强相互作用关系密切，其中光子是电磁作用的中介，π介子是强相互作用的中介，而弱相互作用的情况则要复杂得多。从1934年费米提出的β衰变理论，到1956—1958年费曼和马尔萨克等修正的V-A理论，都无法令人满意，主要是不能在理论描述中被重整化，并且不能与已经发现的传递粒子建立联系。当萨拉姆引进了中间粒子 $W^{\pm}$ 后，弱相互作用理论迎来了转机，从过去的费米子系统转为玻色子系统，因而也与电磁作用直接联系在一起。先是施温格将光子与 $W^{\pm}$ 视为同一粒子家族成员，提出了一个重整化方案。但因光子无质量，而 $W^{\pm}$ 则具有较大质量，如何能被视为同一组粒子并没有什么过硬的物理依据，属于人为附加项。之后，施温格的学生格拉肖继续这个课题的研究，并找到了初步重整化路径，但却由于数学算法上的错误一时陷入困境。萨拉姆此前一直在考虑着规范场的重整化，并将之应用到介子场处理问题，因而对于重整化无法应用于弱相互作用耿耿于怀。其间，芝加哥大学的日裔美籍物理学家南部阳一郎提出了对称性的自发破缺，英国物理学家希格斯经过深入探讨，认为要保持对称不变性要求就必须引入一个中间场，或者说弱相互作用的发生机制应该有一个不为人所知的中间过程，其中牵涉到不为人所知的几种中间粒子。这几种粒子就是前文所提到的 $W^{\pm}$ 和 Z^0 三种矢量玻色子，通过这些中间粒子的不同作用，弱相互作用可以以两种方式发生，一种与电磁作用别无二致，也使弱作用如同强作用那样保持规范场的对称不变性。而另一种弱作用则不然，在其作用过程中存在着更复杂的中间过程，但只要引入适当的中间粒子，则问题将得到解决。由此萨拉姆逐渐认识到，电磁力与核子内的弱相互作用虽然在强度上有很大不同，但在本质上却没有根本的区别。电磁作用的中介 γ 光子与弱相互作用的传递中介 Z^0 实际上都可以理解为 $W^{\pm}$ 及其中性粒子的某种混合。通过对这些中间粒子的综合考虑，特别是

引入 Z^0 玻色子加入弱作用的第二种复杂作用机制，则将可以形成一种完整的符合规范的理论，由此可说明电磁作用和弱相互作用就是这些粒子所参与中介后的不同表象或不同分量。特别是弱作用中的复杂路径需要引入一个能够符合规范要求的中间过程（希格斯过程），并会产生一种弱电的"中性流"，最终的电磁力和弱核力都可以描述为是此"中性流"的不同分量。此即萨拉姆的形式化弱电统一理论。实际上他的整个关于弱电统一理论的工作早在 1957 年前后就已开始，经过十年的持续努力，最终到达光辉的顶点。他的完整工作成果发表在 1968 年斯德哥尔摩举行的第八届诺贝尔研讨会的论文汇编中。

就在萨拉姆持续自己的研究时，美国加州大学伯克利分校的一位年轻物理学家温伯格也在苦苦探索弱电统一问题。1960 年代中期，差不多与萨拉姆前后脚，他从重整化 SU（2）×SU（2）对称群的破坏入手，考虑整体对称破缺在强相互作用下的规范不变性虽不能成立，但经过适当修改，即为中间玻色子矢量引进所谓"温伯格夹角"，就能够适用于电磁作用与弱相互作用的规范对称性路径，其结果就是他从些许不同于萨拉姆的思维路径，也导出了与萨拉姆类似的结果。就这样，最早由格拉肖发轫，由萨拉姆和温伯格接力，三人也在不同场合，通过多种渠道保持着交流与沟通，最终完成了电磁与弱相互作用的统一形式化表达，即弱电统一理论。

弱电统一理论中的 Z^0 玻色子及其派生的"中性流"是个关键，也是检验弱电统一理论的主要根据。1973 年，欧洲核子中心实验室在实验中检测到了这种弱中性电流的存在，从而证明了弱电统一理

论的正确性。六年之后的 1979 年,萨拉姆与格拉肖和温伯格共同获得了诺贝尔物理学奖。他们的获奖原因是:

> 他们对基本粒子的电磁和弱相互作用统一理论的贡献,特别是对弱中性电流的预测。

四、其他工作

早在 1950 年代末,当萨拉姆还在英国伦敦帝国理工学院任教时,由于他在理论物理方面的杰出研究工作,已经在国际物理学领域享有了相当高的声誉。他的事迹也传回了祖国巴基斯坦,引起巴基斯坦政界的关注,特别是当时的巴基斯坦总统阿尤布·汗,对他称赞有加。他邀请萨拉姆参加了 1959 年巴基斯坦的第一届科学委员会,并在会议上赞扬说:

> 我必须说,看到阿卜杜斯·萨拉姆来到我们中间,我是多么高兴。……我深信,由于他参加这一委员会的工作,将会增加委员会所提建议的威信和分量。

1961 年,阿尤布总统还邀请萨拉姆担任巴基斯坦总统首席科学顾问一职,许诺给他高报酬并要求他全职工作。进入政府工作曾经是萨拉姆年轻时的目标和梦想,但这时候高官厚禄对于已成为著名学者的萨拉姆已经没有多大吸引力了。他在犹豫了好一阵子,经过深思熟虑之后还是接受了这个工作，条件一是不拿工资，二是当然也不能全职工作，相当于身兼英国大学教授的同时充当巴基斯坦总统顾问。他之所以愿意接受总统顾问的职位，一是出于他早在幼年时代就产生的对于祖国的依恋和对人民的同情，二是他作为一个虔诚的穆斯林教徒的使命感。他曾经这么写道：

> 在我的国家巴基斯坦，有 50% 的人每天只能挣 18 美分并靠此生活，75% 的人每天的生活费不足 14 美分，包括了每日两餐、衣物、住房以及可能得到的任何教育。

他认为祖国的贫穷落后，主要是民众的愚昧造成的。那么为了唤起民众、改变国家面貌，首先要从改变国家领导层的思想意识做起，特别是能够对总统施加影响，肯定于国于民都大有好处。所以他愿意充当总统科学顾问，首先能够用科学影响总统和整个领导层的认识，对于国家的发展有重要意义。其次是可以利用自己的地位去做一些推进科学和教育事业的实事，比如，设立科学研究机构、建议适当的研究项目、资助有才华的青年学生，等等。在萨拉姆任职期间，他帮助筹建了国家原子能委员会和空间与高层大气研究委员会等五个委员会，还成立了一个直接归总统领导的科学技术研究局；为政府做出了许多建言，例如，建议提高科研经费，将国民生产总值的 1% 用于科研、加强国防科学、促进大学理工科和公共医药卫生研究、重视农业和粮食生产加工技术研发、重视以本国原料为基础的工业发展，等等。他还在各种会议和公众中发表了大量演讲。从 1961 到 1974 年，萨拉姆服务了两届巴基斯坦总统，为祖国的科技发展和教育事业做出了宝贵贡献。

在为祖国义务工作的同时，萨拉姆并没有放松科学领域的探索。1964 年，他离开英国帝国理工学院，被任命为设在意大利的里雅斯特新成立的国际理论物理中心创建主任。这个机构是联合国教科文组织下属的一个非政府间科技交流中心，其目的是帮助发展中国家在数学和物理相关学科获得更多的前沿信息和交流机会。萨拉姆在此任职期间，确实为推动很多发展中国家的科学进步做了大量工作，其中也包括对中国的巨大帮助。

虽然萨拉姆在任职国际理论物理中心主任后，增添了不少行政管理工作和其他社会活动，但他并没有放松自己在粒子物理学方面的研究。前文所述的关于弱电统一理论的研究，最重要的部分都是在这个时期完成的。

同时，对于粒子物理的其他部分，例如强相互作用的规范对称性等问题，他也同时进行着深入研究。其成果之一于 1965 年发表在《英国皇家学会会报 A》上，题目为《强相互作用对称性的协变理论》。

那个年代，在理论物理前沿不断推进的同时，实验方面的研究也在继续深化，其标志就是各国陆续建起了大大小小的各种粒子加速器和宇宙射线探测设备。其中最著名的是 1954 年在瑞士与法国边境建立的多国合作粒子物理研究实验室，欧洲核子中心实验室——欧洲核子研究组织，弱电统一理论的实验验证就是在这个实验室完成的。其他国家也不断建造各种高能物理装置，取得了一系列粒子物理方面的成果。其中在 1968 年，美国马里兰大学的实验物理学家约瑟夫·韦伯发明了一个用于探测引力波的仪器——共振棒，声称自己利用此仪器探测到了爱因斯坦广义相对论方程中所预言的引力波信号，由此掀起了一股研究引力波的热潮。萨拉姆也关注了此事并相信韦伯所做的工作，还投入到有关引力波的一些理论计算中去。他的工作把广义相对论和量子场论结合起来，取得了很好的效果。

还值得一提的是，从 1970 年代初开始，萨拉姆与印度裔美国物理学家帕蒂合作，对质子及其内在结构进行了深入探究。质子与电子都是带电粒子，但它们之间的区别除质量上的不同外，应该还有其他更深层的差异。萨拉姆认为，在弱电统一理论中关注的只是电子和中微子之类的粒子，没有引入夸克假设。而如果质子是由夸克组成的，则类似的物质或者都可能存在着一种根据对称性而结合在一起的机制。由此，他们共同发表了一系列研究论文，提出了所谓帕蒂 - 萨拉姆模型，利用夸克机制发展了一种适用范围更广的粒子规范对称性理论。

在此期间，萨拉姆身兼数职，不仅是个出色的物理学家，也是祖国巴基斯坦的总统科学顾问，还是第三世界科学推动机构的国际理论物理中心主任。在科学研究方面他取得了累累硕果，但在巴基斯坦总统顾问一职上，前期效果还算有一定彰显，后期到 1969 年阿尤布总统被推翻，紧接着东西巴基斯坦陷入分裂动乱年代，萨拉姆作为顾问也进入了一个相对艰难的时期。直到 1971 年布托上台担任总统后，他才勉为其难地继续担任科学顾问一职。布托之所以继续留任萨拉姆，很可能是为了寻求在核武器制造方面的机会。萨拉姆本人一直提倡原子能的和平利用，但他对祖国是否制造原子弹则持一种比较暧昧的态度，甚至为寻求这方面的帮助，曾专门在1972年到中国访问过。

到1974年，萨拉姆不得不彻底离开了巴基斯坦政府，因为此前的1973年，布托政府为实行所谓"伊斯兰社会主义"路线而修改了宪法，当然其中有很多积极因素，例如，保障公民基本人权、禁止种族和宗教歧视等。但对萨拉姆个人而言却出现了一个令他无法接受的事实，那就是该宪法修正案中宣布他从小所信仰的宗教教派艾哈迈迪为非穆斯林。这就引起了萨拉姆极度反感，他强烈抗议了这个宪法修正案，从而与布托总统的政府分道扬镳，最后他自己也就无法在巴基斯坦再待下去了。

他回到意大利的国际理论物理中心，一边进行科学研究，一边把更多精力投入到推动发展中国家的科学研究事业和减贫活动中去。因为他深信，只有科技进步才是发展中国家脱贫致富的不二选择。为此，他以国际理论物理中心为基地，不遗余力地争取各种资源和捐资，为发展中国家培训高水平科研人员，并推动与他们的合作研究。特别是在计算机技术兴起之后，他在中心设立了微处理实验室，为将计算机技术引入物理学研究下了很大功夫。

1983年，萨拉姆为扩大对发展中国家科学技术事业的支持力度，倡议建立了一个第三世界科学院（2004年改名为发展中国家科学院），是一个非政府、非政治和非营利性的国际科学组织，致力于支持和促进发展中国家的科学研究。萨拉姆担任创院院长，一般院士从发展中国家的著名科学家中推举产生，外籍院士则从发达国家的著名科学家中推举。总部也设在意大利的里雅斯特，经费来源主要有意大利政府、国际原子能机构、联合国教科文组织和其他国家政府和非政府机构的捐助。萨拉姆利用这个机构，对发展中国家的科技事业给予了全力的帮助，其中也包括中国。

中国从20世纪60年代以来与巴基斯坦建立了良好关系，民间现在将巴基斯坦亲切地称为"巴铁"，就是对这种关系的一种肯定。之所以能够形成这种关系，除了双方政府领导人的努力，也与萨拉姆的贡献分不开。

五、六次访问中国

从1965到1987年，在前后20多年的时间里，萨拉姆六次来到中国访问。这与他本身来自发展中国家以及始终对发展中国家的科技发展十分关心有直接关系。这些访问不但加强了中国与巴基斯坦两个国家之间的友好关系，作为高水平的科学家，他的访问也对中国科学的发展产生了良性影响。

1965年，39岁的萨拉姆第一次来华访问。这主要是一次政治交往，他作为巴基斯坦阿尤布•汗总统的随访人员，另一个身份是国际理论物理中心主任。访问行程中除与阿尤布总统一起的政治性集体活动外，他还有两项个人行程：做学术报告和与周恩来总理的单独会面。萨拉姆的学术报告听众是中国科学院原子能研究所的研究人员，内容是介绍了国际理论物理中心正在研究的强相互作用粒子的相对论性SU（6）对称方面的工作。除此之外，周恩来在周培源的陪同下与萨拉姆共进午餐。席间，他们谈论了有关"如何加强中国物理学的研究以及为此需要做些什么"等问题。萨拉姆回忆了对中国的第一印象：

> 我第一次访华，使我认识了一个新的世界。

中国对他来说是一个新的文明、新的文化传统，这使他立刻爱上了中国的一切。也正是这种友好情谊的建立，开启了萨拉姆与中国长达20多年的往来。

第二次访华是在1966年，周恩来总理以个人名义邀请萨拉姆参加当年在北京召开的"北京科学讨论会1966年暑期物理讨论会"。

萨拉姆在全体会议上做了题为《基本粒子对称性理论研究》的学术报告，介绍了欧美基本粒子理论10年来的发展情况以及他的近期工作情况。萨拉姆表示，有不少现象表明基本粒子具有内部结构，过去的对称性理论已经过时。特别值得一提的是，当时中国物理学家的一些科学工作引起了萨拉姆的关注和重视，他对中国物理学家在这次会议上的报告给予了较高的评价，尤其是对当时北京基本粒子理论组提交的有关层子模型的文章给予了较高的评价，称层子模型为"第一流的科学工作"。

1972年，萨拉姆以巴基斯坦布托总统科学顾问的身份第三次访华，其使命是寻求中国在核物理方面的帮助，但没有取得实质性结果。访问期间他在北京做了学术报告。报告分两个部分，一是介绍当时国际物理学界热议的话题——引力波，二是对引力波问题进行了一番严格理论计算和推导。报告受到中国物理学家们的高度评价。

1978年萨拉姆第四次到中国访问，此次来华，正值中国召开了全国科学大会、迎来科学春天之际，他与美国物理学家温伯格在参加了在日本东京举行的第十九届国际高能物理会议之后，携手一同来到中国。萨拉姆不但为中国科学界介绍了国际物理学前沿进展情况、参观了北京当时刚刚开始不久的高能物理加速器施工现场，还再次热情邀请中国科学家赴意大利的里雅斯特国际理论物理中心访问学习。1979年，就有包括黄昆等在内的第一批中国物理学家访问了国际理论物理中心，从此以后，中国与国际物理学界建立了越来越密切的合作交流机制。萨拉姆的首议之劳，功不可没。

1986年9月，萨拉姆作为第三世界科学院创院院长第五次访华，主要是寻求中国对于第三世界科学院所推进的南南科技合作项目给予帮助。

萨拉姆先到安徽合肥市参加了亚洲地区微机学院的开学典礼。该微机学院是由国际理论物理中心主办，中国科学技术大学承办，目的是培养能在实验室中设计、制作和组成微机处理系统的人才，促进与加强国家间的科技交流，是萨拉姆献给中国的一份厚礼。在名誉校长严济慈的主持下，授予萨拉姆中国科技大学名誉博士学位。

9月23日，邓小平在人民大会堂会见了萨拉姆。邓小平表示：中国愿意为推动第三世界科学技术的发展尽力，并对第三世界国家之间开展的科技交流、分享合作成果表示赞赏。他还强调说：

中国是发展中的社会主义国家，不论任何时候都不会忘记第三世界的穷朋友。唯利是图、损人利己的事中国决不去干。这是我们的基本路线。

萨拉姆第六次也是最后一次访华是在1987年，当时萨拉姆已经61岁，也已经是中国人民的老朋友了。其访问目的是来参加第三世界科学院的第二次大会。

这次大会于当年的9月底在北京举行，参会者有来自第三世界和部分发达国家的科学院院长、主管科技事业的政府高级官员和著名科学家150多人。大会的成功举办在一定程度上促进了第三世界国家间的团结与合作，扩大了中国在第三世界国家的影响，更为中国与第三世界科学院的长久密切联系打下了基础。

开幕式上，萨拉姆首先举行了隆重的授勋仪式，为邓小平颁发了荣誉勋章（由李先念代领），以感谢中国政府和邓小平本人对第三世界科技事业的关怀和支持。接着他向大会致开幕词，并指出了召开这次大会的两个目的。首先是回顾总结第三世界科学院在加强南南、南北科学合作方面取得的成绩，其次是要研究南北之间在科学方面不断加深的鸿沟。他希望中国能在第三世界发挥作用。

随后，萨拉姆向四位获得第三世界科学院奖的科学家颁奖，他们分别是中国的赵忠贤、印度的威斯瓦米特、埃及的哈桑和巴西的佩和脱。

会议期间，中国主办方还组织外宾对有中国特色的科研单位进行参观，包括中科院物理所、力学所、遗传所、地理所、遥感所、高能所、半导体所、生物物理所、计算机所、电子所、自动化所和中国农科院农作物种质资源研究所、中国医科院基础医学研究所、协和医院、北大、清华等数十个科研机构和高校，使他们对中国科学文化的历史和现状有了一定的了解。

萨拉姆的几次访华既使中国物理学家了解了国际物理学前沿领域的发展状况，也积极推动了中国的研究成果走向国际，还通过国际理论物理中心和第三世界科学院为中国培养了大批科学人才，对中国物理学的发展产生了积极影响。此外，萨拉姆的几次访华也增强了中国与巴基斯坦两国之间的友好往来，促进了中国与国际的学术交流。

六、穆斯林科学之星的陨落

萨拉姆一生都是虔诚的穆斯林，虽然他所属的艾哈迈迪教派一直不被巴基斯坦主流教派所承认，有时候甚至还遭到迫害，但他并没有因此动摇自己身为伊斯兰教信徒的自豪感。应该说他是将宗教信仰与现代科学加以协调的典范，他没有用真主来代替科学或者相反，总是试图将信仰作为科学的基础。他认为，伊斯兰科学曾经有过黄金时代，在历史上的数百年时间里，伊斯兰科学家一直引领着世界科学的发展。作为当代的穆斯林，应该树立起重新恢复昔日辉煌的精神。所以他总是以一种教徒式的谦卑态度和勤奋的工作方式对待科学研究和所有其他活动。他曾经写道：

《古兰经》责成我们反思真主创造的自然法则之真理，

因此，我们这代人有幸瞥见他所设计的一部分是一种恩赐和恩典，我要谦卑地感谢这一切。

1979年当萨拉姆获得诺贝尔物理学奖时，他在颁奖仪式上的演讲中这样说道：

> 我是第一个获得诺贝尔物理学奖的穆斯林，这打破了魔咒、消除了数百年来困扰穆斯林青年的自卑感。这是一个在宗教、文化和科学之间没有冲突的人所做到的。

除了诺贝尔物理学奖，萨拉姆一生获奖无数，有众多荣誉头衔，是英国皇家学会会士、美国国家科学院院士、美国科学与技艺科学院院士、第三世界科学院创院院长、瑞典皇家科学院荣誉院士、苏联国家科学院外籍院士等。以他的名字命名的奖项、机构和街区等也数不胜数。总之，他在生前就已经誉满全球，身后也影响久远。

在个人生活方面，萨拉姆是个非常低调的人，不事张扬，非常简朴，严格将私人生活与公共事务区分开来。他一生结了两次婚，第一任夫人是他的表妹，第二任夫人是一名信仰伊斯兰教的牛津大学女教授。两任夫人共为他养育了四个女儿、两个儿子。

萨拉姆一生都是个爱国者，对祖国巴基斯坦怀有深厚感情。当年他刚获得诺贝尔奖时，就立即将全部奖金捐献出来在巴基斯坦设立了一个基金，用以鼓励年轻科学家，并回到祖国做公开演讲。虽然巴基斯坦的法律从 1974 年起就不承认他所信仰的艾哈迈迪教派是穆斯林了，甚至有些敌视艾哈迈迪教派的人还声称如果他敢回来就打断他的腿，但他仍一直保留着巴基斯坦国籍，无怨无悔地为自己的祖国尽心尽力，贡献智慧和力量。

到 20 世纪 80 年代中后期，年届花甲的萨拉姆可能因为长期高强度的脑力劳动，患上了退行性神经疾病，90 年代初就已无法走路，靠轮椅才能移动。

最后，1996 年 11 月 21 日，耗尽平生心血的萨拉姆在他位于英国牛津的家中不幸去世，享年 70 岁。

四天后，按照他生前的遗愿，他被运回巴基斯坦故乡，葬在家族墓园，父母的旁边。

据报道，当地有上万人参加了他的葬礼，说明他在当地普通百姓中的巨大影响力。他的墓碑上写着自己和父母的名字以及生卒日期，墓志铭的第一行字是：

1979 年因物理学工作成为第一位获得诺贝尔奖的穆斯林。

但不幸的是，"穆斯林"这个词被当地政府按照否认艾哈迈迪教派是穆斯林的 1973 年宪法修正案给涂抹掉了。这也算是个小小的悲剧，但肯定并不能抹掉萨拉姆内心的信仰。

（作者：王大明　孙婧涵　尹晓冬）

长冈半太郎
日本现代物理学的拓荒者

长冈半太郎
(Nagaoka Hantarō, 1865—1950)

20世纪中期到21世纪初的近70年间,日本的物理学研究取得了若干举世瞩目的成就,迄今已有12位诺贝尔物理学奖获得者。除江崎玲于奈1957年发明的新型半导体和2014年赤崎勇、天野浩、中村修二发明的蓝色发光二极管直接应用于生产之外,其他人都是在相对远离应用的理论物理学领域有所建树。就亚洲范围来看,为什么日本人能够独占鳌头,在不太长的时间里涌现出如此多的诺贝尔奖成果呢?除去个人境遇的因素,从社会宏观的角度看,应该与特有的某些社会文化传统息息相关。

无论学术界还是普通公众,通常都认为日本是个比较重视文化传统传承的国家,例如,所谓千年一系的皇室血统,从遣唐使时代就一直流传下来的千年寺庙建筑、家族工匠技艺,等等。反映到科学领域,其对现代科学的引进、学习和研究传统,应该始于19世纪的明治维新时代,从那时起,在特有的文化土壤中也逐渐形成了对于现代科学包括物理学的研究传统,并不断传承下来。日本诺贝尔物理学奖获奖者的相互背景关系约略显示出其间的传承脉络。例如,2008年获得诺贝尔奖的小林诚和益川敏英都是"二战"后奠定日本基本粒子论研究基石的坂田昌一的弟子,而坂田昌一则是日本第一位诺贝尔物理学奖得主汤川秀树的助手与合作伙伴;2015年获得诺贝尔物理学奖的梶田隆章是2002年诺贝尔物理学奖得主小柴昌俊的学生，而小柴昌俊的指导教授是 2008 年获得诺贝尔物理学奖的南部阳一郎，南部阳一郎的导师是朝永振一郎，朝永振一郎是日本第二位获得诺贝尔物理学奖的理论物理学家，也是汤川秀树在京都大学的同窗好友。朝永振一郎、小林诚、益川敏英等都是凭借着在汤川秀树 1946 年创刊的科学杂志上发表的论文而获奖。再往前追溯，就到了本文的主人公长冈半太郎，他在 1922 年陪同和主持了现代物理学泰斗爱因斯坦对日本的访问，而那时候还是中学生的汤川秀树、朝永振一郎等，在听到爱因斯坦、长冈半太郎等人的讲解之后，不约而同地下定决心选择物理学研究作为自己未来的职业……

从科学史的角度回顾日本的物理学崛起之路，如果说日本第一代物理学者山川健次郎[1]是日本引进西方经典物理学的开山鼻祖的话，那么比他小 11 岁的长冈半太郎则是把日本物理学从经典引向新物理学并走上国际科学舞台的关键人物。他历经日本明治、大正和昭和三个时代，并在世纪转换时期提出了所谓"土星型原子模型"，这个重要研究成果，标志着日本物理学家快步从经典阶段过渡到新物理学，从而跟上了世界新物理学革命的步伐，也为日本的现代物理学研究奠定了基础。

---

[1] 山川健次郎（1854—1931），1875 年毕业于美国耶鲁大学，1879 年成为日本东京大学第一位物理学教授。1901 年担任东京大学校长。他是日本现代物理学教育和研究的开山人物。

一、成长之路

长冈半太郎于 1865 年 8 月 15 日出生于日本长崎县。父亲长冈治三郎是肥前国大村藩（今长崎县大村市）的一个藩士，倒幕运动中作为大村市的监军参加了东征，后被明治政府录用为文职官员，转任于东京、大阪等地。母亲叫长冈几久。

作为小官吏子弟的长冈半太郎在 8 岁以前，一直在大村藩校（武士子弟学校）五敬馆学习。他在这里接受的是日本传统的汉字素读（只读字面，不求其意）教育。1874 年初夏，长冈半太郎跟随父母搬到东京，进入一所叫做汤岛的小学学习。在该校学习期间，他曾经当过留级生：

> 留级的理由是：尽管没有缺席过课程，但是，根本不能理解老师传授的知识，头脑过于迟钝。

由此可见，后来的物理学家长冈半太郎小时候非但不是什么神童，甚至还是个被人嫌弃的"迟钝"儿。当然即便是笨蛋，也得坚持把学上完。1876 年，11 岁的长冈半太郎进入相当于初中的公立学校学习，但半年后，他又转入东京一所官立的英语学校。在这所学校，他所学习的课程主要包括语文课、算术课、写字课等。这所学校的特点是全英语授课，在这种语言环境下，长冈半太郎打下了良好的英语基础。两年后的 1878 年，由于父亲长冈治三郎调到大阪工作，因此，长冈半太郎也跟随父亲一起来到大阪，转入大阪当地的官立英语学校。翌年，长冈治三郎又从大阪调到福冈县工作，14岁的长冈半太郎又一次被迫转学。这次，他被转到东京大学的预科学校学习。

长冈半太郎在东京大学预科学习期间，前文所述的日本第一位物理学教授山川健次郎已经在东京大学开设了物理课，预科学校也有相关的初等课程。所以长冈半太郎也初步接触到有关物理学方面的一些基础知识。据记载，他每个星期都会有3个小时左右的物理课，主要内容涉及力学、静电学、流体力学、热学、光学、磁学等方面的基础知识。除此之外，在数学和其他科学领域，他也学习了代数、几何、三角、生理学、植物学、动物学、无机化学等。

1882年9月，17岁的长冈半太郎升入东京大学理学部学习。在理学部的第一年，主要学习了有关数学、物理学、天文学、化学、地质学和伦理学等很多方面的课程，相当于进行了比较广泛的通识知识学习。从1883年9月的第二学年开始，学生们就要升入到一个专门的学科进行学习了。此时，长冈半太郎也开始为选择什么专业而大伤脑筋。他心里可能是想选一门自然科学比如物理学作为专业，但他也记得在课堂上从未听到过东方人在自然科学方面有什么重大成就。这就在他心中引发了一个疑问：东方人是否缺乏研究自然科学的能力？假如是那样的话，我能学好物理吗？于是，他决定休学一年，专门思考这个问题。

休学期间，长冈半太郎遍览各种书籍，其中也包括一些中国古籍，例如《山海经》和《庄子》等。他还对古代中国的科学技术史进行了探究，其目的是要弄清楚东亚人是否也有能力在科学上做出原创性贡献。在此过程中，幼年的素读教育功底发挥了作用，他能够快速地阅读各种古代典籍。在仔细研究过若干中国的经典著作之后，他开始坚信亚洲人在自然科学方面也是有天赋的。其原因，就是他了解到古代中国人研究过北极光现象，精确记录了天体的运动，还发明了指南针，等等。这些成就使长冈半太郎增强了自信，由此，他决定选择学习物理学。1884 年，长冈半太郎复学后，进入物理专业学习。

三年时间倏忽而过，1887 年 7 月，长冈半太郎从东京大学物理学专业毕业。同年 9 月，升入该校研究生院，专攻力学和电磁理论。翌年，他发表了自己平生第一篇论文《扭转和纵向应力对镍的磁化强度的综合影响》，这开始显示出他强干的科研能力。因此，1890 年 4 月，长冈半太郎还没有研究生毕业，就被直接聘任为东京大学理学院副教授，当时他年仅 24 岁。

1893 年初，28 岁的长冈半太郎因磁致伸缩现象的研究而获得了东京大学的理学博士学位。这是自 1887 年日本制定"学位令"，东京大学开始授予博士学位之后所授出的第三个理学博士。第一个理学博士是于 1888 年授予了研究天文学的寺尾寿，第二个理学博士是于 1891 年授予物理学专业的田中馆爱司，长冈半太郎是东京大学的第三位理学博士，也是第二个与物理相关的理学博士。

由于长冈半太郎在物理学领域的优异表现，在他获得博士学位的当年，日本文部省以"数学物理学研究"的名义，将长冈半太郎派往德国深造，同时他也肩负了解欧洲各国科学发展状况的重任。长冈半太郎接到该通知后，于 1893 年 3 月从东京出发前往德国柏林。

在柏林，他进入柏林大学学习。此时的柏林大学在物理学领域大师林立、人才辈出，例如提出能量守恒定律的大物理学家亥姆霍兹、声学方面的著名实验物理学家孔脱、研究辐射问题的理论物理学家普朗克等。长冈半太郎在此如鱼得水，遨游在物理学的海洋之中。当然他最喜欢的是亥姆霍兹的课，他一边学习，一边将自己在柏林大学的所学所感通过写信的方式寄回日本。在他进入柏林大学仅仅4个月的时间后，就在《东洋学艺杂志》上发表了题为《谈柏林大学物理实验情况》的系列通报，向在日本国内的学者们详细介绍了柏林大学的具体情况，使那些身在日本的同行详细了解到柏林大学物理学研究的进展和前沿概况。

一年后的1894年3月，长冈半太郎为了向仰慕已久的统计物理学大师玻尔兹曼求教，特意来到玻尔兹曼执教的慕尼黑大学听他授课。在慕尼黑大学学习期间，他通过玻尔兹曼老师在课堂上条理清晰的讲授，弄清楚了概率是如何在物理学中应用的。半年后，长冈半太郎又跟随玻尔兹曼来到维也纳大学，听他讲授气体分子运动论。通过学习，长冈半太郎不但加深了对物理学前沿的了解，而且大大增强了自己的研究动力。

1895年5月，长冈半太郎从维也纳大学回到柏林大学，迎来了在德国留学的最后一年。在这一年中，他集中学习了相关的数学工具，例如拓扑流变学、曲线曲面论、函数论、椭圆函数论等。于此同时，世纪末的新物理学革命徐徐拉开了帷幕，其标志就是伦琴对于X射线的发现，这个发现很快就拓展到原子本身的放射性问题，也涉及了原子结构的问题。这些进展很快吸引了长冈半太郎的注意力，导引他不久后转向原子论的研究。

在留学期间，他听到了发现 X 射线的消息，立刻把它介绍给国内，这才使日本的原子物理学研究正式开展起来。

1896 年，长冈半太郎回到日本后，成为东京大学首任理论物理学教授。他一方面担任应用数学和理论物理学的教学工作，另一方面也接续研究生时期就已开展的对磁偏角和岩石弹性波以及对全国各地的重力进行测定等地球物理方面的实验工作。同时，他也密切关注着国际新物理学的动向，特别是原子物理学的进展。不久之后，他就投身于这个领域，并取得了令世人刮目相看的成果。

二、提出土星型原子模型

早在 19 世纪初，当英国化学家道尔顿复活了古老的原子论以后，科学家们就开始试图赋予原子以某种结构。1814 年，法国物理学家安培设想化学原子是由一些亚原子粒子组成的。1826 年德国的费希纳建立了一种动力学原子模型，他假定原子就像一个太阳系那样是由万有引力维系着并且有相似的结构。这个模型后来被韦伯所采用。随后，电子的发现使人们普遍认识到带负电荷的电子是一切原子的基本组成部分，而原子在通常情况下呈现电中性的事实，又表明原子中还有与电子电荷等量的正电荷。所以，研究原子结构首先要解决原子中正负电荷的分布问题。

到 20 世纪初的 1904 年之前，科学界关于原子可能的结构模型提案大致分为三类：（1）勒纳型原子模型；（2）J. J. 汤姆孙型原子模型；（3）佩兰、长冈半太郎型原子模型。这样多种的原子构造在同一时间被提出来，是因为关于原子的构造还存在许多不确定的因素。在这些不确定的因素中，特别是阳电荷的分布状态、原子内的电子数等情况的不清楚，成为主要原因。1903 年勒纳以阴极射线的气体吸收证明，高速电子能穿透几千个原子的厚度，表明原子内部大部分空间是空无所有的，刚性物质大约只占全部空间的 10^{-9}。所以他设想，有正负粒子组成的极小"刚形体配偶"飘浮于原子太空中。J. J. 汤姆孙的原子结构论是以元素进化论为基础的。他认为所有元素的原子都是由激烈运动着的原始成分（电偶极子）经过长时间逐渐互相结合而成的，放射性原子就是在这种进化途中尚未处于稳定状态的原子。J. J. 汤姆孙认为原子模型是这样一个构造：有一个均匀带正电的球体，同时在与该球同心的圆周上等间隔地排列着相应的电子，电子在圆周上以一定的角速度做旋转运动。1901 年法国物理学家佩兰在一次演讲中设想，原子的中心是一些带正电的粒子，外面围绕着电子，电子运行的周期对应于原子发射光谱线的频率。他的设想已经把原子结构同光谱线联系了起来。

长冈半太郎在 1900 年赴巴黎参加了第一届国际物理学家会议，会上不但听到了居里夫人就原子放射性所做的报告，也接触到包括勒纳、J. J. 汤姆孙、佩兰等人的原子模型。这些信息给了他很大启发，也引起了他极大的研究兴趣。经过深入的思考和分析，他在 1903 年年底提出了自己对于原子模型的设想。一开始他只是在东京的数学物理学一次会议中用口头报告的形式提出了这个模型：

在一个理想的原子模型中，粒子运动可以解释频段光谱和放射性现象。

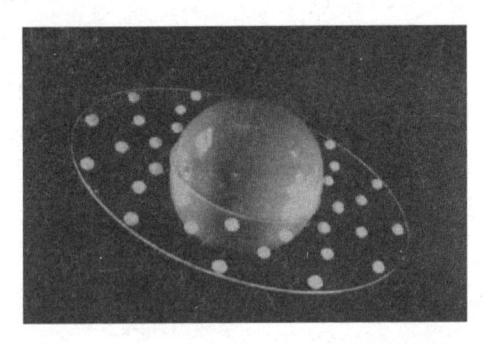

图 1　长冈半太郎土星型原子模型

1904 年，长冈半太郎正式发表了关于原子模型的第一篇论文《粒子在一个理想原子模型中的光谱和放射性现象》。在文章中，他否定了 J. J. 汤姆孙模型，认为正负电荷不能相互渗透。他把自己提出的原子模型称为"土星模型"：在原子中心区域是阳电荷球、阳电荷球外侧环上等间隔分布着电子（图 1），而这些环上的电子相对于环的中心以大致相同的角速度做圆周运动。为了保持这个系统的力学稳定性，又因为电子之间存在相互反弹力，所以这些电子必须围绕阳电荷做圆周运动，而且，中心阳电荷球的质量必须非常大。当时的经典物理学发光理论认为，原子放出的光谱线是由原子内部的电子振动所产生的。而在长冈半太郎的原子模型中，环上电子的回旋运动会因为受到一些外力的作用而产生微小振动。这些环面内的微小振动，将引发出线光谱；而在与环面垂直方向上的微小振动，将表现出带光谱。也就是说，电子整体在做公共圆运动的同时也会各自做其固有的微小振动。

长冈半太郎通过实验得到，线光谱受到外磁场的影响表现出塞曼效应，带光谱无法表现出塞曼效应。他认为，后者的原因就在于带光谱是电子在与环面的垂直方向上产生的振动所形成的。对于原子的稳定性问题，长冈半太郎提出，如果相互排斥的电子围绕着中心（正电子）旋转，整个系统（可以想象为一个理想的原子）对于微小振动就将是稳定的。沿垂直面的横向振动，其频率公式与经验带谱公式相似，容易证明横向振动不受外磁场的影响，这是带光谱的特点之一。在环上沿着径向方向传播的波，其频率公式可以认为同线光谱一致。在外磁场中，一条谱线将分裂成反向圆偏振的双重线。对于原子的放射性问题，他认为，电子环实际上是准稳定的，只要扰动持续充分长的时间，环就会瓦解，此时环上的电子和中心的正电粒子就会分别形成 β 射线和 α 射线。这样就解释了原子的放射性衰变问题。长冈半太郎进而认为，通过对这些易受影响的系统诉诸共振和受迫振动，诸如光电效应一类的问题也许就都能够得到解释。

他在自己的论文中写道：

> 我所讨论的体系是等质量的多数粒子（现在所说的电子）在圆周上等角间隔地排列，相互之间的库仑力与距离的平方成反比例。在这个圆的中心存在一个质量很大的粒

子（阳电荷球），并且按照库仑法则吸引着周围的粒子（电子）。假使中心的引力非常大的话，这个体系对于一般微扰来说，具有一定的稳定性。

几年后，长冈半太郎在他的第二篇系统论述原子模型的论文《原子的模型（二）》（1909年）中，对自己的土星型原子模型的力学稳定性进行了进一步讨论。他认为原子中心的阳电荷球 E 比电子的电荷 e 要大得多，这是个必要条件。关于系统的稳定性可以进行如下计算，假设从中心球到粒子 k 的距离为 R_k，若系统的总能量为 U，势能为 V。由此可得方程：

$$\frac{d^2}{dt^2}\sum mR_k^2 = 4U - 2V$$

若粒子 k 和粒子 l 之间的距离为 r_{kl}，它们之间的作用力大小为 $\frac{e^2}{r_{kl}^2}$；若被扰动的圆轨道半径为 r_k，粒子 k 和中心球之间的引力大小为 $\frac{Ee}{r_{kl}^2}$，粒子的角速度为 ω_k。则由上式可近似得到：

$$2U - V = \sum m\omega_k^2 r_k^2 + \frac{1}{2}\sum\sum \frac{e^2}{r_{kl}} - E\sum \frac{e}{r_k}$$

如果 E、e 以及 ω_k 的值和 r_{kl}、r_k 的值相近，$2U-V$ 的值就会约等于 0；如果给 r_{kl}、r_k 一个微小的扰动，则 $2U-V$ 就表征着微小扰动的数值。在这种情况下，注意到 E 若比 e 大很多时，系统就将维持相当大的稳定性。

围绕着这个主题，长冈半太郎实际上发表了一系列相关论文。

例如《基于土星型原子模型的光色散》《折射率和密度之间的关系》《土星型原子模型的相互作用》《基于土星型原子模型的维里定律、特征方程和焦耳－开尔文效应》等。他通过发表这些论文想要达到的主要目的，就是尝试构造出一种理想原子，用以说明物质的相关物理性质。他认为，通过对理想原子的研究，也许就能够逐步弄清真实原子的结构。但在这项理论研究中，光谱实验始终是制约理论探讨的硬约束，如果不能与光谱实验结果很好地吻合，则理论的正确性将会被大打折扣。在长冈半太郎的原子模型研究中，随着在光谱实验的带谱线中观察到微弱的反常塞曼效应，以及进一步发现了磁场对发射带谱线的直接效应，对他的理论提出了尖锐的反证。同时，随着卢瑟福等人提出了新的原子结构的太阳系模型，并与实验结果有着更密切的适应性，最终促使长冈半太郎放弃了自己的土星型原子模型。但他的模型在整个国际物理学界原子结构研究过程中也产生了很大影响，甚至卢瑟福模型在很大程度上也受到了土星型原子模型的启发。卢瑟福在 1911 年给长冈半太郎的信中写道：

你将会看到我所采纳的原子模型结构与你在几年前的一篇论文里提到的结构有些相似。虽然那个时候我还没有查阅到你的文章，但是我记得你确实写过这方面的文章。

虽然从最后的结果看，长冈半太郎的原子模型本身并没能获得成功，但却为后来者打开了成功之门。科学的发展规律就是前人不断为后人铺路，成为后人攀登的肩膀。从这个意义上说，长冈半太郎又是个成功者。另外，从日本物理学发展史的角度看，他则是开现代微观原子结构研究之先河并达到国际水平的第一人。

三、地球物理和电磁波传播问题研究

长冈半太郎不仅是个理论物理学家，实际上他在理论和实验两方面都表现优异。在理论方面，除前述的关于原子结构的土星型原子模型及其计算外，他还在数学物理和椭圆函数表等方面都有所建树。而在实验方面，他在研究生阶段就开展的磁学研究，以及在此基础上所拓展的日本有关大地磁场、重力测定和电磁波传播等广阔研究领域中，都大有斩获。

早在长冈半太郎还在东京大学学习、临近毕业的时候，他就和英国外教诺特老师一起对日本关东地区北部、北海道等地的地磁场进行了观测。这个研究项目是由诺特和学长田中馆爱司负责的测定全国各地地磁场项目中的一个组成部分。长冈半太郎关于地球物理学的研究由此开始，并一直贯穿了他的整个研究生涯，无论期间有什么其他研究课题，长冈半太郎都没有放弃过地球物理领域的研究工作。这项工作与其说是一项学术，不如说是一个非常现实的需求。因为日本是一个地震频发的国家，对于地震成因和如何规避风险的问题，始终是科学界无法回避的现实。

1889 年日本熊本大地震和 1891 年浓尾大地震之后，长冈半太郎都奔赴地震现场进行了调查研究。特别是在浓尾大地震时，他和田中馆爱司一起，对由地震引起的地磁场变化情况进行了仔细调查。他们的研究结果为日本防震提供了一定的认识基础，日本政府在 1892 年成立震灾预防委员会时，长冈半太郎被吸收为委员。随后他和田中馆爱司一起合作，为在全国范围内设置气象站以及地震仪的选择，展开了调查并提交报告。

地震不但与地磁的变化关系密切，作为一种机械振动，也与地下的岩石弹性及其振动有很大关系。为此，从 1905 年开始，长冈半太郎就岩石的弹性以及地震波的传播方面的问题进行了一系列实验研究，在此后的数年（1905—1912 年）间，连续发表了 11 篇关于地震波传播实验及其机制问题的论文。例如《关于地球的刚性和地震波的速度》《关于地震波的副振动的存在》《地震波的分散》《作为余震说明的残留现象》《表面负荷问题以及对地球物理学现象的应用》等。这些研究基于实测的若干数据，也应用了相关的力学理论，具有相当高的水平，不但提高了日本本土的科学研究水平，也在很大程度上创设了用科学方法解决实际问题的范例。

在其第一篇论文《关于地球的刚性和地震波的速度》中，长冈半太郎利用地球的章动周期引起的经纬度观测变化之间的关系，对地球岩石弹性模量进行了分析研究，进而利用弹性模数推算出地球岩石中地震波的传播速度。可以说他的这个思路是一个相当巧妙的办法，当然也需要仔细对比观察资料。他的基本思路是将地球视为具有一定弹性的自转加公转的刚体，通过其完全刚性章动律即所谓"欧拉周期"和弹性章动律即"钱德勒周期"的比值，找出其弹性模量，进而计算出机械波（地震波）在这种具有一定弹性的刚体中的传播速度。长冈半太郎的测量和计算结果是：地球这个半刚性的弹性体，其纵波的传播速度约为 7.0 千米/秒。这个结果与实际观测数值非常吻合，与他们对地震观测数据记录中得到的地震波的平均速度几乎完全一致。而在横波方面，如果将地球视作一个非压缩性刚体，则计算所得的横波传播速度平均约为 4.0 千米/秒，此数值也多次反映在地震观测记录中，可以说基本吻合。以此为起点，长冈半太郎对地震、火山、地形学以及地球物理相关问题进行了更深入的研究，其水平也处于当时国际比较高的水平。他对地球物理研究的兴趣一直保持到晚年，他平生最后一篇论文《地球旋转期的微小变动》发表于 1943 年，当时他已 78 岁。

1914 年，他把目光投向更大的领域，开始研究有关太阳黑子对于地表电磁波传播影响的问题，并发表了若干论文。这应该属于比较早注意到太阳黑子运动对地球影响的研究。除此之外，长冈半太郎还发现了流星离子对于无线电波传播的影响，并于 1932 年发表了论文《流星对于无线电传播过程的影响》。此文也引起了物理学界的关注。此时，长冈半太郎已经年过花甲，却仍然活跃在科研第一线。

当然长冈半太郎的贡献不仅仅是自己个人的科研工作，他一辈子教书育人、扶掖后进，在日本物理学教育方面也有很多可圈可点的业绩，包括培养了若干优秀学生，还包括创建东北大学、执掌大阪大学、创办日本理化研究所等，成为日本名副其实的一代科学宗师。

四、一代科学宗师

日本作为东亚国家，自古以来都属于广义的汉文化圈，长冈半太郎幼年时期所接受教育中的"古籍素读",就是以中国古代典籍为主要对象。现代物理学对于日本传统文化而言,属于不同性质的外来文化。在输入之初,可能带有一定的被动接纳色彩。但到明治维新时代,就转变为一种相对主动的欢迎姿态了。1877年东京大学创立时,日本政府聘请了许多外国学者来日授课。其中包括来自美国的明顿荷尔、来自英国的尤因和诺特等,他们先后被东京大学聘为物理学教授,为日本近代物理学的引进打下了一定基础。这个时候,长冈半太郎刚刚进入东京大学预科班,但也有幸成为日本最早接触到西方物理学基础知识的一代学子。

1879年,从美国留学归国的山川健次郎成为日本第一个物理学教授,东京大学物理专业中才算有了本土教师。但直到1887年,当田中正平、田中馆爱司、长冈半太郎等本土学习物理学的学生毕业,并开始涉足初步的物理学研究后,日本的物理学才算慢慢进入到相对自立的时代。其中长冈半太郎关于磁致伸缩现象的研究是最早的代表性成果。此后,日本物理学家的研究活动逐渐频繁起来,并在不长的时间内开始跻身于国际物理学界。

长冈半太郎相信亚洲人在智力或科学天赋方面并不输于西方人,甚至在道德操守上还远胜过西方人。这个观念最早是他在大学休学一年中通过博览典籍和自我沉思时就有所领悟的,在后来的学习和研究工作中,又不断得到了加强。尽管那时日本乃至整个亚洲的科研水平都远远不及欧美国家,特别是在物理学方面,几乎所有重要理论、实验都是欧美科学家的成果。但长冈半太郎年轻时所树立的这种执念一直留存着,他有着一种不服输、不气馁的精神,决心要通过自己乃至几代人的不懈努力,提高日本的科研水平,使其逐渐走向世界的前列。

类似地,他的东京大学学长田中馆爱司和其他同时代人可能普遍都有这种情结。1887年6月7日,长冈半太郎在写给田中馆爱司的一封信中这样说道:

> 在实际工作中,我们必须要拥有开放的视野、敏锐的判断力和对事物透彻的理解,不屈不挠。我们不允许让那些看似专心工作,实则心不在焉,任何小事情都会让他们停下工作或看、或听、或议论的人……没有理由让白人在每个方面都超前于我们,如你所说,我希望我们能在10年或20年内打败那些白人,我才不想在地狱里用望远镜去看我们后代的胜利。

信中流露出强烈的追赶意识,当然长冈半太郎在此后的近20年科研生涯中基本实现了自己的诺言,虽然并没有实现"打败那些白人"的目标,但也使日本本土的科研水平接近或部分达到了国际前沿水平。毋庸讳言,在他年轻时的这种执念中也充斥了某些民粹主义的狂热,这是长冈半太郎的历史局限性所在,当然也与当时日本的社会背景有一定联系。晚年的他经过第二次世界大战战败的伤痛,已经逐渐克服了这种狭隘的民粹思想。

作为日本第一代走上国际舞台的物理学研究者,可以说日本早期有一定水准的本土物理学相关研究,大都与长冈半太郎有联系。

除他本人在地磁学、地球物理、电磁波传播、原子结构模型等方面的高水平工作外，田中馆爱司的地震调查及观测记录，他也是主要合作者。他的学生本多光太郎进行的钢铁材料冶炼方面的研究、学生中村清二进行的流体力学研究、学生日下部四郎太的岩石弹性研究等，全都是以长冈半太郎的研究为基础，或者在他的指导下所展开的。在长冈半太郎半个多世纪的科学教育生涯中所培养的学生几乎遍布日本物理学的各个学科领域。例如，日本基本粒子论创始人之一的仁科芳雄是他的研究生，日本第一位诺贝尔物理学奖获得者汤川秀树既是仁科芳雄的学生，又是长冈半太郎在大阪大学任校长期间的学生，而且是在他的不断鼓励和帮助下获得成功的。

日本明治时代创办了四所著名大学，即东京大学、京都大学、东北大学和九州大学。其中东北大学的创建与长冈半太郎密切相关。

东北大学的前身是东北理科大学，是继东京大学之后在日本建立的第二所理科大学，于1907年6月创办于仙台。从筹备到正式开学，经历了4年时间。大学的创立委员包括日本现代科学元老田中馆爱司、藤泽利喜太郎、樱井锭二和长冈半太郎等人。在这些人当中，最为努力奔忙、物色人选、劳神费心的就是长冈半太郎。

他在1936年回顾当年建立东北大学的过程时这样写道：

那是距今约28年前的事情了。当时的专门学务局长福原鐐二郎来到实验室。因为实验室内部非常狭窄，我们只能在走廊中谈工作的事情。福原鐐二郎看到这种状态，吃惊于必须在这样恶劣的环境下工作的同时，也带来了重要的使命，那就是最近在仙台新建东北大学的事情。他说：想让您选择一些能够胜任的教授人选，还请您务必接受这个工作。幸运的是我想起了当时身为讲师的本多光太郎、研究生刚毕业的日下部四郎太等优秀人才。我们在谈话过程中就决定了物理学方面的人选。其他如化学、数学、地质学等方面的人选，在不到10天的时间里也最终确定了相应人选。特别指定该校的校长为泽柳政太郎。我们考虑了环境、建立东北大学所需的设备以及预算等问题，决定向国外派遣留学生，同时我们也在器材的购买上尽了力。而且，在建校前曾去欧洲进行过一次走访学习，以出席某国际会议的名义，半年内参观了许多大学。这对于东北大学的建立有很大益处。

为筹建东北大学并购置设备，长冈半太郎于1910年第三次到欧洲考察。他在考察中发现，由于相对论的出现，在物理学界掀起了一股革命浪潮，使他受到很大震动。长冈半太郎领悟到：能够支撑研究机构使其进行独创性研究的并不是设备，也不是金钱，而是高水平有创新精神的研究者。从此他就有了一个鲜明而强烈的主张：

搞研究首先是人，其次是人，然后还是人，最后才是设备。……要打破论资排辈的陈规陋习，要大胆起用有独创精神的年轻研究人员。

他不赞成什么"大器晚成"说，而主张"大器早成"。所以无论是在东京大学任教，还是在创建日本理化研究所和担任所长或是在大阪大学任校长时，长冈半太郎都积极扶掖后进，全力培养年轻人。他对学生辈的本多光太郎、中村清二、日下部四郎太、仁科芳雄等都是悉心教导，大力鼓励；对再下一代的汤川秀树、朝永振一郎等，就更是不遗余力地推荐了。

长冈半太郎从欧洲归来后也将国际物理学界正在掀起"物理学革命"的信息带回到日本，这也成为狭义相对论在日本传播的契机。此后，在他与学生桑木彧雄、石原纯等人的推动下，相对论理论在日本科学家中受到广泛关注。1922年，还是在长冈半太郎、石原纯和桑木彧雄等人的积极活动下，日本改进社邀请爱因斯坦访问日本成行，由此在全日本掀起了一股"爱因斯坦热"。爱因斯坦在到访期间做了20多次演讲，其中有7次是在东京大学，由长冈半太郎主持。这进一步促进了相对论和新物理学在日本的传播和普及，对日本物理学的长足发展产生了直接影响，特别是对下一代日本青少年的科学熏陶和启蒙，产生了超乎想象的效果。其中最明显的例子，就是听过爱因斯坦讲座的两名中学生汤川秀树和朝永振一郎，从此立志投身物理学研究，最终成为日本最早获得诺贝尔物理学奖的大家。

20世纪初，当长冈半太郎原子模型的研究得到卢瑟福等人的推崇后，他很快成为蜚声世界的日本物理学家。从第一次世界大战前夕的1913年起，诺贝尔奖物理委员会就经常邀请他作为物理学奖候选人的提名专家。1949年，日本的第一位诺贝尔物理学奖获得者汤川秀树就是通过长冈半太郎的推荐而最终成为获奖人的。在给汤川秀树的推荐信中，长冈半太郎写道：

这是我第一次满怀信心地推荐我的同胞作为诺贝尔奖的候选人。

那时候，长冈半太郎已经年过八十，离他去世已没有多长时间了。

五、晚年

1926年，年过六十的长冈半太郎从东京大学的教学工作岗位退休，改任日本理化研究所研究员职务。这时候的他早已功成名就，社会声望也达到了人生的顶峰，不但被推选为日本学士院的院士，而且担任了第十三任院长职务。但他并没有停止自己的研究工作，仍然孜孜不倦地进行研究，继续探索电磁场受外磁场干扰下如何传播，以及地震和海啸等有关课题的研究工作。

晚年的他也获得了很多荣誉：1930年，被苏联科学院授予荣誉院士称号；1931到1934年，他应邀担任了新建的大阪大学首任校长，在这里，他遇到了年轻的汤川秀树，并给予他很多鼓励和帮助；1934年被选为贵族院议员；1937年被授予日本最高文化勋章；1939年被推举为日本学士院院长兼学术振兴会理事长。

长冈半太郎在晚年常常以严厉长者的形象出现在人们面前，使人敬畏。在明治、大正时期，日本的物理学界几乎只有他一个人获得了引人注目的成绩。为了把日本物理学的研究提高到国际水平，他培养和激励了几代日本物理学的后起之秀，成为日本物理学的一代宗师。

1950年12月11日下午5点左右，85岁的长冈半太郎突然去世。就在逝世前的一个小时，他仍然在自己的书房里钻研地球物理学问题。

他的葬礼于5天后举行，日本学士院、众多学术团体和各大学都派出代表参加，当时的政府文部省大臣天野贞祐在葬礼上发表了"失去这样一位伟大的科学家是日本文化界以及教育界的遗憾，同时献上我们对于长冈半太郎的无比尊敬"的悼词。相隔半个世纪后的2000年，日本邮政发行了长冈半太郎的纪念邮票。

(作者：白　欣　周　蕊)

桑木彧雄

相对论在日本的早期传播者

桑木彧雄
(Kuwaki Ayao, 1878—1945)

桑木彧雄曾任东京帝国大学物理学讲师、九州大学教授、松本高等学校校长、日本科学史学会首任会长，在日本理论物理学领域起到先驱者作用。他曾于1906年最早认识到洛伦兹变换与爱因斯坦相对论时空变换的区别，意识到爱因斯坦相对论的重要性和重大意义。早在1909年，当他在德国留学时就拜访过还在瑞士伯尔尼专利局工作的爱因斯坦，彼此就时空问题交换了各自的认识与观点。这一时期，他还拜访了在相对论建立过程中做出贡献的物理学家马赫、庞加莱和洛伦兹等。1922年爱因斯坦访日期间，桑木彧雄陪同爱因斯坦在日本做有关相对论的演讲，为相对论在日本的传播做出了贡献。他从哲学层面和认识论层面对相对论予以关注，对相对论及物理学相关哲学背景的研究独树一帜。在日本物理学界，提到相对论就会关联到桑木彧雄，说起桑木彧雄就想到爱因斯坦。本文以这位日本物理学者与爱因斯坦的交往和爱因斯坦在日本的相对论演讲为线索，论述桑木彧雄在日本传播和研究相对论方面的贡献及他与爱因斯坦访日的相对论演讲对日本学术研究的直接或间接影响。

一、生平概要

桑木彧雄于明治十一年（1878年）出生在日本东京，父亲是旧金泽蕃士桑木爱信，其兄桑木严翼是日本的一位哲学家，在日本开辟了对于康德哲学思想的最初研究。桑木彧雄出生的明治时代正是日本近代科学成长和发展初期，政府为了把日本推向紧随西方发达的现代化国家，采取强行灌输西方科学技术的手段，大量聘请西方教授、专家，积极学习和摄取西方科学技术，这些在世界近现代史中都是罕见的。以明治时期为例，当时日本政府聘请的外国专家多达3000人，来自世界25个国家。明治十年（1877年）东京大学创立时，学校曾聘请了诸多物理学外籍教授讲课，包括美国俄亥俄大学教授明顿荷尔、英国的尤因和诺特等。在西方科学家的影响下，日本物理学家长冈半太郎和本多光太郎[1]的磁学研究成为日本乃至世界物理学领域的强项，日本自然科学的各个领域均取得了较大进展。

桑木彧雄从小对自然科学有着浓厚的兴趣，接受了正规的学校教育。中学的桑木彧雄渐渐展露才华，《诸学须知》《物理阶梯》之类的科普杂志最先使他对物理学产生兴趣。明治三十二年（1899年），他考入东京帝国大学理科大学物理学专业，师从山川健次郎。大学期间的桑木彧雄深受山川健次郎和长冈半太郎的影响，阅读过庞加莱的《时间的测量》和洛伦兹的《论地球和以太的相对运动》等原著，并将庞加莱法语版的《实验物理学与数理物理学的关系》翻译成日文。在他开始学习物理学的19世纪末20世纪初，经典物理学理论体系基础发生了根本性变革，桑木彧雄与比自己小半岁的

---

[1] 本多光太郎（1870—1954），日本物理学家，强力磁钢的发明者，他的发明使日本在特殊钢材的研究方面处于当时世界领先水平。

爱因斯坦一样，曾反复研读过马赫的《力学的科学》，思考解决 19 世纪末物理学危机的途径，与欧洲物理学家们几乎同时了解到有关新进展。

1904 年，桑木彧雄以优异成绩毕业，立刻成为东京帝国大学物理学讲师，但在不久后的日俄战争中服役，中断了一年多时间的教师生涯。战后，1906 年，他回到东京大学继续物理学研习，开始接受基尔霍夫的科学描述法（所谓"描述主义"），并对物理概念分析极感兴趣。当年 7 月 6 日，桑木彧雄在由日本东京数学物理协会主办的年会上，提出了对"绝对运动"概念的认识，比较了当时物理学家和哲学家对"绝对运动"概念尤其是绝对运动在坐标系协调中的不同认识与观点，发表了《绝对运动》一文。1907 年 2 月，他又发表了《关于电子的形状》一文，比较了爱因斯坦相对论变换与洛伦兹变换对待不同坐标系时空问题的相同之处，从认识论的角度认为洛伦兹的收缩公式以及电子论似乎验证并激发了"关于时空的基础概念"的研究，表明他开始关注时空理论的讨论与研究进展。

当时的日本从哲学到医学再到自然科学各个领域，基本上都以德国为师，社会上弥漫着一股崇德情结。1907 年 10 月，桑木彧雄与兄长桑木严翼也随着这股热潮留学德国。他到柏林大学师从量子论创始人普朗克。

那时候，爱因斯坦刚于两年前的 1905 年发表了后来闻名于世的《论动体的电动力学》一文，而在那时，由于他没有对当时科学家们所普遍关注的"电磁世界观"（将所有物理现象都还原为电磁现象）有任何涉及，更没有加入当时物理学家们所热议的"电子理论"

主题问题的讨论，因此，他的文章毫无悬念地被当时的物理学界所忽视。但也有人慧眼识珠，这个人就是普朗克。他很快就认识到爱因斯坦论文的重要性，并在1906年发表了《对狭义相对论的最普遍的表达方式的尝试》和《应用狭义相对论讨论黑体辐射》两篇论文，非常推崇爱因斯坦创立的新理论。就这样，德国和欧洲的科学家们才开始注意到来自瑞士专利局一个名不见经传的小人物所创建的新理论——相对论。1908年，爱因斯坦的数学老师闵可夫斯基在科隆举行的德国科学家年会上，将四维时空模糊不清的文字表述用清晰的数学形式表示出来，他在报告中指出：

> 四维时空中的事件类似于三维空间中的点，空时中的事件间隔也类似于平面上两点之间的直线距离，时空是相对的。但是，空时间隔是绝对的……它将这条空时轨迹称为"世界线"。

跟随普朗克学习的桑木彧雄，应该亲眼看到了这一系列事件当中的很多情节，特别是他也参加了科隆的这次年会，并被闵可夫斯基的数学处理和热情洋溢的报告深深打动。此外，他还向出席会议的其他一些德国物理学家，例如索末菲、维恩、玻恩、埃伦菲斯特等进行了请教和讨论。特别是，他在会后专程拜访了当时在维也纳的马赫、在伯尔尼的爱因斯坦、在巴黎的庞加莱和在莱顿的洛伦兹等人。这些经历使桑木彧雄对新的相对论理论产生了浓厚的兴趣，并有了更加深入的理解。

有关桑木彧雄留学期间的一系列经历,在他的《留学杂记》中有较为详细的记录。其中特别值得一提的是他对爱因斯坦的专程拜访。那是在 1909 年 3 月 11 日,桑木彧雄访问了当时还在瑞士伯尔尼专利局任职的专利审查员爱因斯坦,并且在当日下午受邀前往爱因斯坦家里做客,成为爱因斯坦在瑞士家里招待的第一位亚洲人。爱因斯坦后来这样评价与桑木彧雄的那次交谈:

我很清楚地记得你的伯尔尼之行。那时,你是我所知道的第一个日本人,也是第一个东亚人。当时,你丰富的理论知识让我吃惊。

1910 年,留学归国后的桑木彧雄受山川健次郎的邀请在九州大学担任应用力学教授,同时也开始了他在日本对于相对论理论的研究和传播。他主要通过两大途径来完成此项使命,一是撰写研究性、介绍性文章和著作并翻译相关性文章和著作,二是贯穿在学校的教学当中,也包括协助邀请爱因斯坦到日本访问讲学。1911 年,桑木彧雄在《相对论的时间与空间概念》一文中,介绍并拓展了爱因斯坦相对论以及闵可夫斯基四维时空理论的主要观点,还将普朗克的《机械自然观下新物理学的地位》翻译成日文。1913 年,桑木彧雄与长冈半太郎合作,将洛伦兹的《电子理论》翻译成日文。此外,他陆续发表了多篇与相对论相关的研究文章,无论在研究选题还是在研究方法上,都与欧洲当时的科学家基本同步进行。之后,因深受兄长对于康德哲学研究的影响,他逐渐将研究兴趣转向了物理学的一些基础性问题，从哲学的认识论层面来考虑相对论理论和宇宙学等，越来越沉醉于科学哲学性研究。此后，他翻译了爱因斯坦相对性原理，完成了《绝对与相对》《物理学绪论》《物理学与认识》等一系列专著。

1927年至1928年，桑木彧雄再次访问欧洲，收集了爱因斯坦大量原始珍贵文献，整理了爱因斯坦以及相对论的相关史料，于数年后的1934年出版第一部日语版的《爱因斯坦传》。在传记中，他以大量史料详细记述了爱因斯坦的家庭背景、少年时代、大学时期接受的教育和思考等，论及狭义相对论以及广义相对论的创立和实验验证及其反响等。传记最后详细论述了与相对论有关的其他科学家，包括洛伦兹、庞加莱、普朗克等，分析了他们为相对论的奠基所做出的杰出贡献。该书在附录中列出了爱因斯坦自1901年以来的所有相关论文题目、演讲及报告、著述等。该书1936年由我国沈因明翻译，商务印书馆出版，成为我国出版的早期第一部最权威的爱因斯坦传记。

之后的桑木彧雄越来越关心科学哲学和科学史。1938年，他从九州大学的教授席位退休，转任旧制松本高等学校校长。1941年，63岁的桑木彧雄被任命为日本科学社会历史学会的第一届主席，完成了《近代科学的展开》《科学史考》《明治以前的日本自然科学的发达》《黎明期的日本科学》等科学史方面的著作。1945年，他在信州因病去世。

二、桑木彧雄对相对论的理解及传播

在 19 世纪末至 20 世纪初的物理学发展历程中，马赫等人通过对牛顿力学的批判开始质疑经典力学的绝对正确性。这期间包括若干线索，主要的有麦克斯韦的电磁理论以及电磁波传播速度完全由媒质的电磁常量决定，这个特性与经典力学产生了矛盾。另外，在洛伦兹的电子论中以太作用及电子的绝对运动问题等，均无法用牛顿力学完美解释。在此背景下，各种假说及对牛顿力学的某种修订时有浮现。1906 年，在远离欧洲科学中心的日本，桑木彧雄发表了题为《绝对运动》的论文。他在文中将牛顿提出的绝对静止坐标体系与洛伦兹定义的名为以太的体系，以及马赫提出的所有运动都是相对的观点进行了比较，然后这样概括运动的性质：

> 运动是在一定规律中保持着的联系，而且，由洛伦兹定义的以太体系完全是一种可行的假设，这种假设对构建运动体系理论是有必要的。

虽然这种认识在时间上晚于爱因斯坦，但考虑到近现代物理学在日本当时才刚刚开始普及后不久，能有此认识也已相当不容易。在文章结尾部分，他写道：

> 由于洛伦兹电子论仅仅是以其他相关运动为依据，至于是否会被取代，则另当别论了。

这暗示了桑木彧雄已经意识到洛伦兹时空观的局限性以及对爱因斯坦新时空理论的希冀。

桑木彧雄后来回忆，尽管那时这个理论（相对论）并未被广泛认可，他却坚持认为该理论所可能具有的重要性，并且试着写了篇讨论相对论的文章，即《关于电子的形状》。他在文中论述了爱因斯坦论文有关时空的要点及假说，并将爱因斯坦理论得到的有关电子形状的结论与洛伦兹收缩公式得到的结果进行了比较，认为：

洛伦兹与爱因斯坦用的是不同的方法，爱因斯坦是通过将绝对运动的概念从理论基础中去除的方式对待该问题的。

他的这篇文章是由日本当时著名哲学家、京都大学哲学教授朝永三十郎（1965年诺贝尔物理学奖得主朝永振一郎的父亲）审阅的。科学论文由哲学家审阅，这个举动在当时日本科学界也是十分罕见的。联系到朝永振一郎后来获得诺贝尔物理学奖，朝永父子俩中间曾经出现的物理学者桑木彧雄，也许是冥冥之中的某种安排。

1909年留德期间，桑木彧雄对于在相对论上做出实质性贡献的人一一进行了拜访，亲历了相对论初期发展的曲折历程。他讲述自己在瑞士专利局拜访爱因斯坦的经过：他们在一起交流了彼此对运动问题的认识，讨论了普朗克1908年在莱顿做的《物质世界观的统一蓝图》的报告，他们还一起讨论了许多其他事情。桑木彧雄讲述了爱因斯坦当时是这样评价马赫的：他足够冷静，有逻辑但仍不足以成为一个哲学家。桑木彧雄当时还询问了爱因斯坦有关匀加速运动相对论是否可以否定牛顿在"绝对旋转水桶"实验所展示的以及马赫在水运动相对于星系系统的绝对旋转中的问题。桑木彧雄后来用日文发表了他拜访爱因斯坦的经过以及爱因斯坦对他的评价。

1910年12月，物理学家长冈半太郎从欧洲发给东京大学师生一封公开信，信中写道：

> 我7月抵达柏林后遇到了许多物理学家，有英国的、法国的、德国的、奥地利的、意大利的和美国的。他们都高喊"革命，革命"，他们发现了一个迄今为止隐藏在大自然背后的秘密——时间、空间和质量……请日本师生关注。

信件由东京大学的《时代杂志》全文发表，当时有一位年轻的物理学专业学生石原纯通过《时代杂志》看到了这个关于科学革命和相对论话题的讨论，引起极大兴趣，从而下决心远赴欧洲学习理论物理学。他同时也读到了由桑木彧雄翻译的《机械自然观下新物理学的地位》以及《相对论原理下的时空概念》等文章，并开始思考相对论问题，1912至1914年在留学欧洲期间，曾跟随爱因斯坦学习过，后来在相对论理论方面浸润很深，不但发表过有关相对论研究的论文，而且回国后继承了桑木彧雄的事业，在日本广泛传播了相对论学说。

桑木彧雄的重要文章《相对论的时间与空间概念》1911年3月由《东京大学物理学杂志》发表。该文比较了爱因斯坦相对论变换原理与洛伦兹变换原理之间的不同以及因果联系，介绍了包含闵可夫斯基于四维时空数学发展的狭义相对论时空观,并从认识论层面对相对论的概念和原理进行了论述。这是日本最早全面介绍爱因斯坦相对论的文章。

与此同时,学校教育方面对相对论问题的教学也开始出现,东京大学的物理课上出现了有关四维时空的介绍和讨论,这对于相对论的传播和普及产生了更加深远的影响。此时,正好也有大批中国留学生赴日本学习,其中有几个对相对论感兴趣的学生,比如许崇清、李芳柏、文元模等,就是从日本学校了解到爱因斯坦及其相对时空观的。他们归国后成为相对论在中国传播的先驱。

作为物理学者的桑木彧雄,他的兴趣其实主要是在物理学的基础问题上,他对相对论的研究也主要是基于时空的哲学基本问题。在这方面,他深受物理学家兼哲学家马赫的影响。桑木彧雄于1912年发表的《物理学上的认识问题》一文,批判性地比较了普朗克、爱因斯坦的现实主义和马赫的经验主义,阐述了其对物理学认识论方面的观点。桑木彧雄在文中阐述的看法与他曾经的老师普朗克否认经典理论的局限性完全不同,他宣称:牛顿力学和爱因斯坦的观点可以被看作不同公理体系下的几何图形及其相关适用性,只不过,牛顿力学已被限制,将来肯定会有更多的限制。从这篇文章可以看出,桑木彧雄当时已经确信牛顿力学具有局限性,并且应该接受爱因斯坦的新观点。这是在1912年,爱因斯坦理论刚刚发表不过六七年的时候。

1919年11月6日,伦敦皇家学会及皇家天文学会报告了当年日食观察及计算结果,伦敦《泰晤士报》以《科学的革命、新时间空间论、牛顿引力论的颠覆》为题做了长篇报导,从而惊动了欧洲各国。1920年,桑木彧雄发表《关于万有引力的新发现》一文,对爱因斯坦的广义相对论和引力场方程以及广义相对论的三个实验验证进行了介绍。1921年,岩波书店出版了桑木彧雄与池田芳郎翻译的《爱因斯坦相对性原理》[1]。该书是爱因斯坦完成广义相对论后亲自撰写的相对论普及读本,面向的是从一般科学和哲学的观点出发对相对论感兴趣,但是对理论的数学工具并不熟悉的读者。桑木彧雄后来在《爱因斯坦的哲学》一书中写道:

狭义相对论本身,其研究范围在性质上,是从事科学基础研究的哲学家绝对不能忽视的课题。

尽管很多哲学家对此已有所论述,但桑木彧雄并不认为物理学上的理论决定了哲学上的讨论,他认为:"爱因斯坦的'无法测量得出并非物理学上的概念',其结果是物理学的结构从认识论上来讲变得纯粹。"由此可以看出,桑木彧雄是从认识论和哲学层面理解并传播爱因斯坦的相对论理论的。

1927年至1928年,桑木彧雄再次访问欧洲并与爱因斯坦就相对论哲学问题进行了进一步讨论,还收集了爱因斯坦自1901年以来

---

[1] 该书在中国由爱因斯坦的中国学生夏元瑮1921年翻译后发表在《改造·相对论号》上,1922年4月由商务印书馆以《相对论浅释》出版,是中国最早的《狭义与广义相对论》汉译本。

所发表的各种文献，归国后完成了《爱因斯坦传》一书。该书与其说是爱因斯坦的传记，不如说是桑木彧雄基于在欧洲的经历，亲身体会了20世纪前半期物理学变革而作为时代见证人的心声。爱因斯坦本人对桑木彧雄的工作给予了高度评价，他向桑木彧雄赠送了一幅彩纸，上面写着：

> 致物理学者、认识论学者桑木教授：
> 你是第一个乐于了解我的日本物理学者。
> 请作为友谊的回忆。
> ——爱因斯坦，自然是高高在上的女神

三、爱因斯坦的日本演讲

爱因斯坦1922年访日之前，与他在瑞士会过面的日本物理学家有三位，分别是桑木彧雄、石原纯和爱知敬一[1]。关于爱因斯坦访日的缘起，已经有一些文章专门进行过研究，此处不再赘述。其大致过程是在1921年，日本有一家文化企业改造社，社长山本实彦在罗素的推荐下，欲邀请爱因斯坦访日讲学，其间曾请桑木彧雄修书给爱因斯坦，最后得到了爱因斯坦的同意。于是，爱因斯坦于1922年底至1923年初在日本访问了约一个半月，在各地就相对论和相关议

---

[1] 爱知敬一（1880—1923），日本物理学者，东北帝国大学理科大学物理学科教授。爱因斯坦在1922年访问日本时，他曾在仙台市公会堂担任爱因斯坦讲演的翻译。

题进行了学术演讲和公众演讲，对日本科学界和整个社会都产生了巨大影响，而桑木彧雄也在这次活动中扮演了重要角色。

1922年11月17日，当爱因斯坦一行乘坐的邮轮抵达神户港时，迎接他的除了改造社社长山本实彦夫妇，科学界的代表人物有东京大学教授长冈半太郎、东北大学的石原纯与爱知敬一，以及当时任职九州大学教授的桑木彧雄。

在43天的日本之行中，爱因斯坦受到日本科学界、教育界、文化界，高校学生还有普通大众的热烈欢迎，进行了密集的交流活动。他不但做了7场学术演讲，还做了9场公众演讲，见表1。除此之外，他还参加了多场由大学、学术机构和其他组织举办的各种庆祝集会，其中东北大学师生为了欢迎他的到来，还创作了三幕六场的《相对性理论》话剧。整个日本除北海道外，爱因斯坦几乎与日本大部分高校的师生都有过直接接触，与民众也有大面积接触。从学生到市民，从官员到皇室，人们都想目睹大师风采，甚至他演讲所用过的稿纸和黑板也被有心人收藏。整个行程中，桑木彧雄不但听取爱因斯坦的学术演讲，而且陪伴他到各处做公众演讲。特别是当12月25日爱因斯坦到达他所在的日本九州大学访问时，他作为直接的东道主全程陪同爱因斯坦参观了大学理工学院的实验室、教室和博物馆等，并参加了基督教青年学会举办的圣诞晚会。晚会上，爱因斯坦兴奋地亲自上演了三曲小提琴独奏。

爱因斯坦一旦开始演讲，就总是十分投入于知识海洋的遨游，以至于常常忘记了时间和行程安排。因此，他的演讲时间也总是会超出预定时间。在东京大学物理系7天的系列学术演讲中，听讲的人主要是教师（以教授为主），达到了 120 人，学生人数只有 5 名研究生和 10 名本科生，这是因为爱因斯坦曾经敦促过东京大学教授长冈半太郎，要求听讲者必须包括本科生，这才安排了一些学生听讲。爱因斯坦学术演讲的内容围绕着相对论基础及其意义展开，与他 1921 年 5 月在美国普林斯顿大学演讲内容类似。其中几次演讲还带去了他的论著——《相对论的意义》，该书是"普林斯顿科学文库"的开山之作。演讲中，爱因斯坦主要从物理学中的空间与时间概念，从光速不变原理到狭义相对论的原理，从洛伦兹变换、尺缩钟慢效应等讲到广义相对论的等效原理、引力方程等。

关于爱因斯坦日本演讲的风采和影响，日本学者有多种记叙。其中留学法国 3 年刚回日本的数学家小仓金之助，在听完爱因斯坦的演讲后写道：

> 我从来没有见过这样一位演讲者，他一直面带微笑并且异常冷静。他不擅长计算和严格的逻辑推理，但是，他拥有强烈的直觉。他向我们展示了直觉的重要性，正是爱因斯坦的直觉成为他创建相对论的基础。

表 1　爱因斯坦在日本演讲一览表

日期	标题	地点	时间/小时	听众人数
11月23日	狭义与广义相对论	庆应义塾大学三田大礼堂	3+1	2000
11月24日	物理学中的时间和空间	神田青年会馆	4	满席

续表

日期	标题	地点	时间/小时	听众人数
11月25日	光速不变原理	东大理学部中央讲堂	1.5+1.5	135
11月26日	相对性原理	东大理学部中央讲堂	1.5+1.5	135
11月27日	自然法则和洛伦兹变换共变性	东大理学部中央讲堂	1.5+1.5	135
11月28日	张量解析法	东大理学部中央讲堂	1.5+1.5	135
11月29日	张量微分法	东大理学部中央讲堂	1.5+1.5	135
11月30日	万有引力	东大理学部中央讲堂	1.5+1.5	135
12月1日	广义相对论	东大理学部中央讲堂	1.5+1.5	135
12月3日	相对论原理	仙台市公会堂	不详	不详
12月8日	相对论原理	名古屋环形技院大厅	不详	满席
12月10日	相对论的哲学问题	京都市公会堂	2+2	满席
12月11日	相对论与伽利略	大阪中央公会堂	1.6+1.5	2500
12月13日	相对论原理	神户基督青年公馆	3	1500
12月14日	我是怎样创立相对论的	京都大学大厅	不详	满席
12月24日	广义和狭义相对论原理	福冈市大博剧院	不详	3500

另外，当时还是东京大学的本科生后来成为东京大学地震学教授的松泽畅，在听了爱因斯坦演讲后的感受是：

四维世界物体的运动总是沿着一条曲线，它是物体运动的最短距离。爱因斯坦正是在牛顿力学一级近似的基础上，花了十年时间才得到弯曲时空的理论。牛顿力学并非像人们说的应该扔掉，牛顿力学应该被尊重。

当时，从牛顿力学推导爱因斯坦的相对论对他来说显然是新知。

东京大学实验物理学教授寺田寅彦在事前的一篇日记（写于11月13日）《相对论的另一面》中写道：

爱因斯坦将于23日至29日开始每天一场的讲座。我可能听不懂什么。但是，如果我长时间看着他的脸，就会对我产生一些影响。我很期待他的到来。

听完演讲后，（11月30日）他又写道：

一些老教授将爱因斯坦团团围住，我们没有机会接触到他（寺田寅彦当时44岁）……现在他的讲座已经达到高潮。那些我曾经不理解的问题，一旦经过爱因斯坦的解释就会深深地沉浸在我的脑海里，这简直就是一个奇迹。

寺田寅彦听讲座时还就光谱问题提问过爱因斯坦，爱因斯坦做了仔细说明，使他豁然开朗。实际上，爱因斯坦当时比寺田寅彦还小一岁，寺田寅彦仍然抱持着一种崇敬的态度对待爱因斯坦，感觉自己收获很大。

前文已经提到，爱因斯坦除在东京大学的 7 场相对纯粹的学术演讲外，还在东京、仙台、大阪、神户、福冈和京都等地就狭义和广义相对论做了 9 场普及性质的公众演讲。在名古屋环形技院大厅，由于没有暖气，爱因斯坦穿着厚厚的大衣演讲。当时还是中学生的田村（东京大学物理学教授）回忆到，他当时是在大厅的边沿听演讲的，为了能充分理解相对论的真谛，他后来还专门阅读了相关的书籍，例如《张量微积分》和《科学的哲学入门》等。他认为爱因斯坦的那次讲演深深影响了他。

在京都市公学堂，爱因斯坦的演讲偏重于相对论的哲学问题方面。在京都大学，应京都大学哲学家西田几多郎的要求，爱因斯坦即兴演讲了他是怎样创建相对论的，受到学生的热烈欢迎。爱因斯坦回顾了他创建相对论的思路和经过，那次演讲所形成的题为《我是怎样创立相对论的》的演讲文字后来成为研究者们追寻相对论创立过程的重要文献。

1965 年因"重整化理论"而成为日本第二位获得诺贝尔物理学奖的理论物理学家朝永振一郎，当时只有 16 岁，但也参加了爱因斯坦的公众演讲。他后来回忆说：

> 时空的对称性、四维世界、非欧几何，所有这些神秘的东西让当时还是中学生的我着迷，物理世界是如此神奇！我当时就在想，这些美妙的世界将等待我们去研究。

从那时开始，朝永振一郎就下定决心从事物理研究。比朝永振一郎还小一岁的日本第一位诺贝尔物理学奖获得者汤川秀树,当时还只是个初中学生,他没有能够获得机会直接聆听爱因斯坦在东京的演讲,但却从参加了演讲会的高中同学那里听到有关爱因斯坦相对论的种种议论,从而开始阅读《科学哲学导读》和石原纯的《相对论》等相关文章,他回忆道:

> 在我的潜意识里,以理论物理学为方向,或许就是从这时渐渐开始的。

或者可以说,爱因斯坦访问日本对于日本科学发展的影响,最为重要的就是对日本年轻一代学生潜移默化的影响,激发了数以万计的青年学生投身科学事业,其中不乏在校中学生和大学生从此立志或立即从事物理学研究的热情和激情。从这个意义上讲,日本人是幸运的,因为他们在第二次物理学革命——相对论和量子力学发展过程中直接接触到了其中的最大贡献者爱因斯坦,也直接接触到物理学革命的基础和根本问题,使得日本的物理学进入了与国际同步的快速发展轨道,迅速从经典过渡到近代物理学。

这里面也有桑木彧雄的贡献,因为他不但是促成爱因斯坦访日的直接推动者之一,而且在这之前的十年间就已经为相对论及其物理思想和哲学基础的传播做了大量奠基性工作,而爱因斯坦的成功访日及其火爆演讲,正是他长期培育和准备土壤上的一个水到渠成的表现。

四、对日本物理学研究的影响

就桑木彧雄在日本物理学发展中的作用而言,他并非一位对物理学的某个专门理论或专业实验直接做出多大贡献的研究者,他的贡献更多是在哲学和思想层面对以相对论为代表的新物理学的认识和传播。他最早看出了相对论的重要性,对于20世纪初期经典物理学危机也有着比较充分的理解,这与他的经历有着密切的联系。他留学欧洲期间,对德国和其他欧洲国家的物理学家进行过广泛的结交和拜师学习,例如,曾拜访过马赫、爱因斯坦、庞加莱和洛伦兹等在相对论建立过程中做出杰出贡献的物理学家,并与他们就物理学问题进行了广泛交流与讨论,还与他们建立了某种个人友谊。因为如此,在那个相对论还没有被科学界广泛认可的时候,他就已经敏锐地获知了这个理论的先驱意义和革命性,因此发表论文对此理论进行介绍,并就其基础性和重要性进行探讨和传播,这就显示了他对科学前沿问题的敏感与直觉,也对以相对论为代表的新物理学在日本的传播起到了巨大的推动作用。他基于自身经历著书、翻译研究相对论,从哲学层面上对相对论予以关注,翻译、出版相对论相关著作多部,对日本物理学家和哲学家都具有重要的影响。特别是他与作为相对论研究者的石原纯、寺田寅彦等人一起,通过探讨相对论及物理学相关哲学背景,开始对物理学的哲学基础进行深入思考。而他从认识论思考物理学本质问题,帮助了日本人快速接受物理学领域的量子革命,影响了20世纪日本物理学的发展。

在爱因斯坦访日这个日本物理学发展史上的重大事件中,桑木彧雄也扮演了重要角色。一是他接受改进社社长山本实彦的委托，利用自己与爱因斯坦的良好私人关系帮助发出邀请，并最后成功获得爱因斯坦访问日本的允诺，促成了这次访问。二是他不仅事前向改造社提供了有关爱因斯坦从学术到个人品质等各方面的资料，还在爱因斯坦访日期间积极向日本各类杂志、媒体寄送稿件，热心介绍爱因斯坦的理论和个人魅力，从而不但提高了爱因斯坦在日本科学界的声望，也在社会公众中扩大了他的影响。三是在爱因斯坦访日期间，直接陪同爱因斯坦在京都、仙台、福冈等做相对论的公众演讲，为大众特别是青年学生理解相对论的基本含义和价值起到巨大作用，影响到很多青年学子投身于物理学研究事业，很快就涌现出诸如汤川秀树、朝永振一郎等新一代日本物理学家，迅速攀登上国际物理学的最高舞台。

（作者：白秀英　白　欣）

汤川秀树

东西方文化的科学结晶

汤川秀树

(Yukawa Hideki, 1907—1981)

1949年12月10日，一个来自日本的物理学家汤川秀树满面春风地从瑞典王储手中接受了该年度的诺贝尔物理学奖。他因提出所谓介子场理论而对现代物理学所做出的贡献终于获得了世界公认，他也成了日本的第一位诺贝尔奖获得者。消息传到日本，举国轰动。首先受到鼓舞的，当然是日本的科学界人士。曾经担任过汤川秀树母校——京都大学校长的冈本道雄教授回忆说：

当时，我还是医学部的副教授，在战后的穷苦日子里挣扎，但"日本的汤川秀树教授荣获1949年度诺贝尔物理学奖"的消息却让我们这些从事同样科学研究的人受到很大震动。

此时，汤川秀树在一般日本人眼里已不仅仅是一个伟大的物理学家，而且还是一个空前的"社会英雄"和"伟人"。当时，在汤川秀树就读过的京极小学，师生们把他的肖像挂在战时悬挂过天皇照片的地方。有一部分人甚至还想建立"汤川神社"，推崇之意，溢于言表。在"汤川效应"强烈的时代，许多年轻人纷纷慕名报考京都大学物理系。一个物理学家受到全社会的如此崇拜和爱戴，在日本历史上恐怕也是绝无仅有的。

现在，汤川秀树已作为一位国际著名的物理学家而载入世界科学的史册。美国著名科学家韦斯科夫曾将汤川秀树和爱因斯坦、玻尔并列在一起，称他为"科学大师"。确实，很多日本人认为汤川秀树就是东方的爱因斯坦，是东方的玻尔。在他身上，不仅可以发现那些伟大科学家所共有的高贵品质，而且还可以看到他作为一个东方人的个性和特点。也许可以这么说，他实质上是东西方文化的结晶。

一、出生于学者家庭

1907年1月23日，汤川秀树出生于东京，当时取名为小川秀树。一年以后，他父亲受聘于京都大学，全家移居京都。从此，他几乎一直就在那里生活、学习和工作。

他是在一个学者家庭中长大的。父亲小川琢治（1870—1941）是日本著名地质学家，母亲小川小雪是长崎师范学校校长的女儿。汤川秀树是他们的第三个儿子。

在汤川秀树眼里，小川琢治是一个令人可畏的"严父"，而小川小雪则是一个和蔼可亲的慈母。汤川秀树对母亲最为佩服的是，她曾努力做到对他们这些孩子一视同仁，不仅在生活方面，而且在对孩子们的前途安排方面也是如此。例如，小川琢治曾一度打算让他的五个儿子中最沉默寡言的汤川秀树在高中毕业后进技术学校。这种想法遭到了汤川秀树母亲的抵制。她坚信，像汤川秀树这种在童年时代不声不响的人同样能成为取得伟大成就的人。后来事实证实了他母亲的看法，汤川秀树和他的几个兄弟都成了某一方面的著名学者：老大小川芳树是东京大学的冶金学教授，老二贝冢茂树（后入赘于贝冢家）是京都大学的东方历史学教授，老三汤川秀树（后入赘于汤川家）是京都大学的物理学教授，老四小川环树是京都大学的东方文学教授，只有老五小川滋树不幸死于第二次世界大战中。

汤川秀树虽生于明治时代末年，但是他的家庭仍保持着明治维新以前知识分子家庭让孩子从小习汉学的传统。汤川秀树从小受到了十分严格的家庭教育。但他对中国古代儒家学说并不抱好感。他认为，儒家学说只讨论道德问题，不仅有点儿道学气，而且还有一种强加于人的味道。因此，他刚上中学时，在他父亲的书房里找到《老子》和《庄子》这两本书，便立刻被吸引住了。他觉得从中国道家的著作中可以接触到一种比较自由的思维方式，这对他来说是一种很大的乐趣。他终生都保持着对中国老庄学说的特殊兴趣。甚至在他后来从事现代物理学研究的那些岁月中，他还时时重读老庄的书，并从中获取教益。

在少年汤川秀树身上，还看不到促使他后来成为一位理论物理学家的任何因素。当时，他是一位文学爱好者。他读过许多文学书，包括日本、中国和西方的文学作品。

汤川秀树看小说的时间较早。在上小学一年级以前，他就已开始自己阅读十卷本的《太阁记》了，这是一部描述丰臣秀吉事迹的日本历史小说。作为一个日本人，他当然对日本文学作品怀有特殊的亲切感。他甚至通读了有朋堂文库的古典作品集，尤其入迷于正宗白鸟、吉田弦二郎、仓田百三等人的作品，十分欣赏他们所散布的那种虚无伤感的情调。不过相比之下，他似乎更喜欢中国小说，他甚至在几十年以后仍能记住《水浒传》中一百单八将中的大部分人名。在中学时代，他曾被罗曼·罗兰的《约翰·克利斯朵夫》所感动。托尔斯泰的《人生论》曾引起过他对"人生意义"的沉思。但是，他最喜欢读的西方文学作品却是俄国作家陀思妥耶夫斯基的小说。

二、重新选择：从数学到物理学

汤川秀树的性格很内向，从小就喜欢独处，而且非常羞怯。他很少和小朋友往来，而且害怕在课堂上回答老师的提问。在入学前，家里人都管他叫"我不愿说"。因为他对于所有麻烦的事情都以"我不愿说"这句话来搪塞。他对家里人关闭了自己的心灵窗户。他不愿接触别人，别人也无法了解他。家里除了祖母和母亲，几乎都未能发现他的潜在能力。

1913年，汤川秀树读小学一年级。他在小学里学得最好的课程就是书法和数学。尤其是在数学方面，他曾表现出了异乎寻常的才能。当他的哥哥在中学里开始学习求等差级数总和的方法时，他却独自发明了这种方法。他表面上显得十分孩子气，但实质上却具有十分强烈的竞争意识，老师曾对他写过这样一句评语："有强烈的自我意识，而且内心刚毅。"

1919年，汤川秀树进入京都府立第一中学。他仍很少交朋友，同时也变得越来越沉默寡言了。为了尽可能多地避免与他人接触，他常躲在图书馆里看书。同学们给他起了一个绰号，叫"权兵卫"

（无名小卒）。这时，他对数学越来越感兴趣了，但却并不怎么喜欢物理学。大约在他上初中四年级（当时的日本学制）时，大概是爱因斯坦访日带来的影响，他开始比较热衷于做物理实验。在他阅读的书目中也出现了一些科学哲学的书，例如，田边元的《最近的自然科学》和石原纯的《相对论原理》。他通过阅读田边元的书，第一次知道了"量子论"这一名词，并且开始崇拜量子论的创始人普朗克。

1923年，汤川秀树进入京都第三高等学校读高中一年级。在第一学期末的立体几何考试中，由于他按自己的方法而没有照先生课堂上讲的方法进行证明，结果只得了66分。这一事件激怒了他，使他从此打消了想当数学家的念头。他认为，如果数学是一种必须始终按照教师传授的方法来解题的学问，那么他不愿献身于这样的东西！"高二时，他开始学物理学课程。他在课余时间里热衷于解物理习题。这时，他对物理学的兴趣与日俱增。他经常逛京都的"丸善"书店，买到了德国物理学家瑞歇的《量子论》。这本书使他感觉到当时理论物理学正处于暗中摸索的状态，从而受到了激励。高三时，他又读了普朗克的《理论物理学导论》（第一卷），并发现自己能很容易地读下去了。在报考大学第一次填志愿表时，汤川秀树按照父亲的愿望填写了"地质学"。但是，他很快发现自己没有能力从事这方面的研究。因此，在第二次填志愿表时，他终于下定决心，填上了"物理学"。于是，在1926年，汤川秀树从京都第三高等学校毕业后，终于考上了京都大学理学部物理学科。同时考上的还有他的同学朝永振一郎。

汤川秀树最终选择了理论物理学。这种选择虽然是各种因素促成的，但是从根本上来说却是与他的孤僻的性格有关。他自己曾经这样说过：

> 由于天性不好交际……我需要在一种不太需要交际的研究领域中工作……在这种心理状态下总是支持着我的东西是继续从事我的创造性活动的可能性。没有了这种可能性，我就会没有任何指望了，而这也就是为什么我如此热衷于理论物理学的缘由。

三、自学量子力学

1926年4月，当汤川秀树进入京都大学时，20世纪初发生在欧洲的那场激动人心的物理学革命事实上已近尾声。新量子论或量子力学的两种表述形式，海森伯的矩阵力学和薛定谔的波动力学，都已相继完成。年轻的汤川秀树很快就对这种新物理学有了兴趣。他相信自己也许能够对它的发展做出某种贡献。

当时京都大学理学部已采用学分制，因此学生选课比较自由。在大学第一年，汤川秀树将大部分时间用于听数学课。在物理学方面，他听了玉城嘉十郎教授的"力学"和石野又吉教授的"热学"。这两门课程虽和新物理学多少有点关系，但毕竟还不是新物理学本身。事实上，当时大学的讲课还不可能涉及新物理学，只是在热学理论课中对旧量子论有一点简短的描述而已。汤川秀树是通过阅读玻恩的《原子力学》一书才开始接触量子力学的。对他来说，新量子论尽管颇具魅力，但却很难。从那时起，玻恩成了他最佩服的科学家之一。

当时，汤川秀树从教授们和高年级学生的交谈中还了解到这样一种情况：就量子力学的两种等价的形式体系而言，薛定谔的波动力学似乎比海森伯的矩阵力学容易理解得多，因而更受物理学家们的欢迎。尽管他当时还是一个刚进大学不久的学生，但是他仿佛受一种"使命感"的驱使，觉得自己面对正在激烈变化中的物理世界再也不能无所事事了。因而，在大学第二年，他就一头扎进了物理系图书室。他想尽可能快地了解过去两三年中在外文杂志上，尤其是在德文杂志上发表的有关新量子论的论文。可是，业已发表的论文数量相当可观，新到的杂志在图书室的陈列架上越积越多，这使他有点手足无措，不知从何着手。不过，他很快就找到了出路：系统地阅读薛定谔本人的论文，因为它们在当时是最容易理解的。在从大学二年级到三年级初期，他完全投身到薛定谔的论文中去了。与此同时，他对光谱学实验也很感兴趣。到三年级在寻找指导教授时，他曾一度想进木村实验室跟随木村正路教授研究光谱学。后来，经过再三考虑，终于和朝永振一郎、多田政忠一起进了玉城嘉十郎教授的理论物理研究室。玉城嘉十郎教授曾留学于英国剑桥大学，精通流体力学和相对论，但对刚刚完成的量子力学几乎不感兴趣。不过，玉城嘉十郎教授一向尊重学生自己的选择，只要不超出理论物理学的范围，不管研究什么，他都不加干涉。汤川秀树和朝永振一郎都选择了研究量子力学。但事实上他们几乎是自学的。自此，汤川秀树的奋斗目标已经非常明确：他想在上大学三年级期间拼命赶上理论物理学的前沿。这使得他的大学第三年成了十分繁忙的一年。

1929年3月，他从京都大学毕业，以无薪助教的资格继续留在玉城研究室里进行自己的研究。在毕业前夕，他曾为物理学革命已近尾声而感到烦恼。他想：

> 如果原子世界通过量子力学而得到完全的理解，那么留给我去开拓的将会是什么样的天地呢？我想努力成为一个理论物理学家是不是为时太晚了呢？

他当时虽然还只有22岁，但是他认为自己在年龄上已不算太小了。因为那时对发展量子力学做出贡献的大多数物理学家都是在20多岁。例如，海森伯、狄拉克、泡利、费米都诞生于1900—1902年，而他们都是在23岁或24岁左右就已取得了很大的成就。1928年，即在他大学毕业前的一年，英国的天才物理学家狄拉克发现了"相对论性波动方程"——新物理学两大支柱即量子力学和相对论互相融合的初步成果。这对于汤川秀树是一大刺激，或者更确切地说是一种冲击。他意识到自己必须学习狄拉克的这种新电子论。他的大学毕业论文就是有关狄拉克新理论的。1929年秋，他大学毕业后不久，恰逢海森伯和狄拉克到日本访问。对于他来说，听这两位年轻天才的演讲，实在是一种很大的刺激。不过，他很快就认识到，他完全没有必要为"余生也晚"感到苦恼，因为他发现当时有两大研究课题尚无人问津：第一个是进一步发展相对论性量子力学，第二个是把量子力学应用于原子核问题。

然而，面对这两大课题又从何着手呢？汤川秀树曾经这样说过："我绝不能够处理我听说别人已经解决了的问题。"的确，狄拉克的电子理论虽然在原子核外部取得了异常的成功，但是原子核内部结构仍然是一个谜。当时人们认为原子核是由"质子和电子"构成的，但是汤川秀树却已经预感到按照这种观点是无法理解原子核的各种性质的。核内"电子"必定具有不同于核外电子的某种行为。因此，他认定自己的研究触角应当伸向这一领域。不过，他也认识到在研究核内"电子"的行为以前，应当首先研究核外电子与原子核本身的相互作用，具体做法就是研究（氢）原子光谱的超精细结构。他开始应用狄拉克的电子理论进行这方面的研究，并通过简单的推理获得一些新的结论。这就是他最初的研究工作。他把这些结果写成详细报告，提交给玉城嘉十郎教授，可是玉城嘉十郎教授却把报告放在保险箱内一锁了之。不久，汤川秀树就在一份专业杂志上读到了费米关于同一课题的论文。眼看这位年轻的意大利物理学家走在了自己的前面，他感到很失望。于是，他只得暂时改变研究方向，转而研究量子场论的问题。他注意到在海森伯和泡利当时发表的《论波动场的量子力学》（1929年）论文中存在着"无穷大"的困难。他试图解决它，但是经过多次努力未获成功，只能暂时作罢。他的研究就这样几乎陷于停顿状态。他趁此间隙，到日法学馆去进修了法语。他又重新感到了孤独。这种局面一直持续到1932年。后来，他曾回忆当时的情况说：

我有一种紧迫感，但是，不管我感到压力多大，我的工作却似乎毫无进展。

四、难忘的 1932 年

1932 年，对于汤川秀树来说是终生难忘的。年初，他的学习伙伴朝永振一郎离开京都去了东京，到日本理化研究所新建的仁科研究室工作。这次分离使他感到很凄凉，后来也成为他想调换一个新环境的理由之一。4 月 3 日，他和大阪汤川肠胃病医院前院长汤川玄洋最小的女儿汤川寿美结婚，并入赘汤川玄洋家，从此改姓"汤川"。婚后，汤川秀树就搬到了大阪岳父家居住。同时，他被聘为京都大学理学部讲师，开讲量子力学课。听过他早期讲课的学生有坂田昌一、小林稔和武谷三男等。他们都认为，这位年轻讲师讲课并不怎么高明，尽管他们后来都很佩服他的理论研究工作。

这一年对于物理学，尤其是对于核物理学来说也是十分重要的一年。可以说，那是核物理学史上最富有成果的一年。

在实验方面，首先引起汤川秀树注意的是这样三起革命性事件：第一起是查德威克发现"中子"，第二起是安德森发现"正电子"，第三起则是考克罗夫特和沃尔顿实现人工核蜕变。当时，这三起事件使得核物理学从一个次要的研究分支突然变为研究的主流。不过，在汤川秀树看来，其中对理论物理学具有特别重大意义的则是中子的发现。他认为，中子是解开原子核之谜的一把钥匙。

尽管中子的发现者查德威克认为,关于"中子是一种新的基本粒子"的想法"没有什么可取之处",但是汤川秀树却始终坚持这一观点。他认为,作为一种新的基本粒子,中子将和质子一起构成原子核。

在理论方面,日本以外的一些物理学家,例如,海森伯和伊凡宁柯正分别沿着同样的思路建立新的原子核理论。其中,海森伯的《论原子核结构》一文引起了汤川秀树的浓厚兴趣。他翻译了这篇论文,还写了一篇综述性的介绍文章,发表在1933年的《日本数学物理学会会志》上。这是汤川平生第一次发表作品。海森伯在论文中一方面提出了有关质子-中子的核结构理论,正确地把中子看作基本粒子,另一方面提出了所谓中子结构理论,错误地把中子看作为质子-电子复合体,认为在适当的条件(例如β衰变)下,它会分裂成一个质子和一个电子,而这时能量和动量的守恒定律也许就不再适用了。中子究竟是基本粒子还是质子-电子复合体呢?汤川秀树在当时就对这个问题持保留意见,他认为:

> 这个问题,如同β衰变问题那样,……不可能用今天的理论来解决。而且只有解决了这个问题,人们才能够断言核内电子不会独立存在的观点是否正确。

不过,海森伯在此基础上运用量子力学方法并通过与氢分子或氢离子的类比,引出了他的著名的"电荷交换力"思想。这对于汤川秀树是很有启发性的。海森伯在论文中讨论了两种交换力:中子-质子交换力和中子-中子交换力。关于前者，海森伯写道："它可通过设想交换无自旋、遵从玻色统计的电子得到说明。"正是这种从交换"电子"的角度去理解核力的思想大大启发了汤川秀树，使得他的注意力开始集中到核力即作用在构成原子核的中子和质子上的力的本性上来。对核力问题的思考，最终使汤川秀树提出了著名的介子理论。

五、介子理论的诞生

从事后来看，汤川秀树建立介子理论的方法是很简单的。抽象地说，他是运用了"类比法"。说得具体些，就是通过运用核力场和电磁场的类比来预言介子的存在。电磁场是人们熟知的。古典电磁学理论早就告诉我们，荷电粒子间的电磁作用是通过以波动形式在空间传播的电磁场来传递的。而在量子论看来，电磁波又具有粒子行为，也就是说，对应电磁场有"光子"这种粒子存在。量子电动力学的研究已明确指出，电磁相互作用是通过交换光子来传递的。那么，两个核子的相互作用是否也可以通过交换什么粒子来实现呢？这样的联想是十分自然的，而这就是所谓"类比"。事实上，在1932年，汤川就已经达到了上述的"类比"水平。他最初在海森伯论文的启发下，认为中子和质子是通过交换"电子"来传递相互作用的。但实际上，从这种媒介"电子"到真正的"介子"，汤川秀树在暗中又摸索了两年的时间。事后回想起来，他曾不无感叹地说：

> 我在能够到达目的地之前却首先误入了歧途……

的确，实际的科学发现道路并不像科学史家们描述的那么简单。汤川秀树曾对科学家在其科学发现道路上的艰辛探索活动做过这样生动而又恰当的描述：

> 那些探索未知世界的人是不带地图的旅行者；地图是探索的结果……事后找出捷径并非难事，而困难却在于一边开辟新路一边寻找目的地。

他对核内世界的探索就是这样一种不带地图的旅行。1932年，当他踏上旅途时，除海森伯等人留下的一些足迹外，他还不知道目的地的方位，只有靠自己去摸索。事实上，如他自己所言，从1932年到1934年是他"一生中最困难的两年"。

1933年4月，在仙台召开的日本数学物理学会的年会上，汤川秀树生平第一次做了研究报告。报告的题目是《论核内电子》。在报告中，他虽然已意识到"电子"充当传递核力场的媒介粒子有着许多困难，但是他仍力图用满足狄拉克波动方程的电子场来作为核力场。在他发言后，仁科芳雄建议他不妨使用满足玻色-爱因斯坦统计的"电子"。但是，当时汤川秀树还没有能完全摆脱这样一种保守的愿望，力图用已知的粒子来理解核力场。

从仙台会议回来后不久，汤川秀树的长子春洋出生了。5月，他又受聘兼任新建的大阪大学理学部讲师。他轮流到京都大学和大阪大学讲课。他的研究仍在继续进行，但进展不明显。同年夏，他搬到了苦乐园新居。

1934年很快来到了。汤川秀树因为自己的研究工作毫无起色开始急躁起来。同年4月，他终于辞去了京都大学的职位，成了大阪大学的专职讲师和"汤川小组"的负责人，并迁入大阪市区的新物理大楼。他后来回忆自己当时的心情时说：

> 我觉得在这个楼里好像非努力工作不可似的，有时感到好像有人在驱赶着我。

在介子理论形成过程中，费米理论对汤川秀树起过十分重要的作用。原先人们对β衰变的理解是：原子核在衰变过程中仅仅放出电子（或正电子），但这样却遇到了"能量不守恒"的问题。费米通过引进泡利的"中微子"假说解决了这个问题。现在，按照费米理论，在β衰变过程中，原子核将放射出"电子"和"中微子"这样一对粒子。这样，至少向汤川秀树显示了引进新粒子（中微子）而取得成功的实例。

读了费米《β衰变理论》论文后，汤川秀树很想知道强核力问题能否用同一种方式来解决，也就是说，中子－质子相互作用能否通过交换电子－中微子对来传递呢？几乎在同时，苏联物理学家塔姆和伊凡宁柯也正在沿着同一思路进行研究。他们在《自然》杂志上发表了自己的计算结果：电子和中微子交换的力过于微弱以致无法说明核力。鉴于当时已知的基本粒子只有光子、电子、质子、中子和中微子五种，因此，只留下这样一种可能性：传递核力的粒子是除这五种粒子外的其他未知粒子。汤川秀树想：

我不妨跳出包括新的中微子在内的已知粒子的范围，向外寻找属于核力场的粒子。

确实，当他这样想时，似乎就已离自己想达到的目标越来越近了。但是，在真正达到目标之前，他还是熬过了许多个不眠之夜。甚至在她妻子生下次子高秋的那天（9月29日）晚上，他还在苦苦思索着核力场的特征问题。

1934年10月初的一天晚上，汤川秀树突然想到一个关键问题——核力的作用距离 r 和所要求的新粒子的质量 m_u 成反比关系：

$$m_u = \frac{\lambda h}{c} = \frac{h}{cr}$$

式中：$\lambda=1/r$，是力程参量。现在就可以这样来估计新粒子的静止质量：已知 $h=1.05\times10^{-27}$ 尔格·秒，$r\approx2\times10^{-13}$cm，$c=3\times10^{10}$ 厘米/秒，代入上述关系式，即得

$m_u = 1.75\times10^{-25}$ 克

这就是说，新粒子的静止质量约是电子质量（$m_e = 9.1\times10^{-28}$ 克）的200倍。次日早晨，汤川秀树得到了这个结果。

在和菊池小组一起吃午饭时，汤川秀树报告了这一结果。菊池提醒说，在威尔逊云室中应能见到这种粒子。汤川秀树则自信地回答说，这种粒子可以在宇宙射线中被找到。此后不久，他分别在日

本数学物理学会的大阪分会的例会（10月）以及东京本部的例会（11月）上宣布了这一理论。仁科芳雄向他表示了祝贺。当时，夫人汤川寿美不断催他："请快点写出英文论文，公之于世界。"于是，他花了一个月的时间写出了他的成名之作——《论基本粒子的相互作用（Ⅰ）》。这篇用英文写的论文被发表在《日本数学物理学会记事》1935年第17卷上。在论文中，汤川秀树称他的新粒子为"重量子"或"U量子"。后来在其他场合，他开始称之为"中间子"。英文最初译作 mesotron（源于希腊文 mesos，意即"介于两者之间"）。1939年，印度物理学家巴巴建议使用 meson 这一名称。[1] 中文一律译作"介子"，当时意指其质量介于电子和质子之间。当然，现在情况已发生很大变化。1960年代以来发现的许多短寿命介子，大多数都比质子还重，但人们仍沿用"介子"这个名称至今，如同人们后来发现一些基本粒子有内部结构之后仍沿用"基本粒子"这个名称一样。

后来人们公认，1935年是汤川秀树的介子理论问世之年。当时，尽管汤川秀树的论文是用英文写的，而且发表在一种发行面相对较广的日本重要刊物上，但是介子理论在西方世界遭遇冷淡竟长达两年之久。1937年春，玻尔访日，也参观了大阪大学。当汤川秀树向玻尔谈起介子理论时，玻尔几乎不感兴趣，只是问汤川秀树：

---

[1] 另一说法是海森伯在一次国际会议上建议使用这一名称的。见伽莫夫的《物理学发展史》（北京：商务印书馆，1981）第302页和他的《物理世界奇遇记》（北京：科学出版社，1978）第211页。

"难道你喜欢一种新的粒子吗?"这从一个侧面反映了当时西方物理学界对于新粒子概念的态度,实际上当泡利最初提出"中微子"概念时,也曾受到过同样的待遇。可是,就在玻尔离开日本后不久,却从美国传来了安德森和奈德迈尔等人在宇宙射线中发现一种新的荷电粒子的消息。同年7月,汤川秀树在一篇文章中指出,安德森等人发现的粒子可能就是"介子"。由此,汤川秀树的理论开始受到国外同行们的注意。奥本海默、塞伯和巴巴等人也开始研究介子理论。这种形势激励汤川秀树和他的学生、合作者们进一步发展介子理论。从1937年到1938年,汤川秀树和坂田昌一、武谷三男等人先后联名发表了《论基本粒子的相互作用》的第二、第三和第四篇论文。到发表第四篇论文的1938年,汤川秀树的工作已开始受到国际学术界的普遍肯定。在这一年,他因理论工作成就获得大阪大学理学博士学位。次年,他从大阪回到京都,受聘为京都大学理学部教授。1940年,他荣获日本学士院奖。1943年,又获得日本文化勋章。

虽然到1947年人们才搞清楚安德森在10年前发现的粒子并不是汤川秀树预言的"介子",但这丝毫不影响汤川秀树的声誉。早在1942年,汤川秀树的学生坂田昌一和井上健就已提出"双介子理论",认为存在两种不同的介子,一种叫做 π 介子,是汤川秀树所预言的传递核力的介子,另一种叫做 μ 介子,几乎与原子核不发生作用,而且前者能够较快地自发衰变成后者。安德森发现的粒子只是 μ 介子而已。1947年5月,鲍威尔等人采用照相乳胶研究宇宙射线的方法验证了两种介子的机制。1948年,美国首次用加速器产生了人工π介子。至此，汤川秀树的介子预言才真正得到了实验证实。

1949年，已在美国哥伦比亚大学任教授的汤川秀树被授予了该年度的诺贝尔物理学奖。

六、介子理论以后的研究

1948年，汤川秀树应奥本海默的邀请，赴美国任普林斯顿高级研究所的客座教授。从那以后，他主要从事基本粒子理论的基础研究。

这方面的研究最早可以追溯到1929年海森伯和泡利关于电磁波场量子力学的一篇论文。这是"第一个有关电磁场的完全相对论性量子理论"。虽然它后来经过各种形式的重新表述，但是都未能改变其本质，至今仍然不失为描述基本粒子世界的唯一依据。一方面，这个理论虽然能很好地描述基本粒子的生成、湮灭、相互转化、能量、动量和电荷守恒等基本粒子世界的量子力学和相对论的特征，但是，另一方面，由于它把基本粒子描述成为完全没有大小的点状粒子，因此就隐含了所谓的"发散困难"或"无穷大困难"。例如，在电子的情况下，假设电荷集中在一个点上（电子是点状粒子），那么该点切近处的电场就会很强。这种场的能量计算，遵照距离平方倒数的规则，将得出发散为无穷大的值。这当然不是什么新问题，而只是"发散问题"或"无穷大奇点问题"的最简单表现。这种发散问题不但在量子电动力学中会遇到，而且在早期的经典电动力学中也会遇到。

如前所述，汤川秀树刚从大学毕业就遇到了这一非常棘手的问题。当时，他迫于无奈只得暂时把它放在一边而一头扎进了原子核和宇宙射线的理论，从而引导他走向了介子理论。不过，他并没有完全忘记那个属于场论基础的"发散问题"，甚至在思考介子理论的同时，他还惦念着那个问题。例如，1934年4月4日，他在数学物理学会的年会上做了题为《相对论性量子力学中的几率振幅》的报告，提出了后来被人戏称作"圆圈理论"的一些思想。从大学毕业到晚年，他"一直抱有建立起某种有着牢固基础的理论的想法"。

在建立介子理论以后，促使汤川秀树把思路再次转向更加基本问题的最初契机，是坂田昌一、井上健等人于1942年提出的"双介子理论"。坂田昌一等人坦率地承认存在着 π 介子和 μ 介子，这两种介子可以互相配合地说明宇宙射线现象。但是，在当时汤川秀树并不满足于这种仅仅承认存在某种事物的理论，他开始怀疑过去的包括介子理论在内的量子场论的基础。他说：

如果存在这样奇怪的粒子，那么现在的场论就必须彻底修改了。

于是，他就开始在参加各种会议时，在黑板上画一些"圆圈"来表示闵可夫斯基时空中的区域。他把自己的这种"圆圈理论"思想概括到了一篇问答式的论文中，论文的题目是《论场论的基础》，分期发表在日本1942年的《科学》杂志上。1943年，朝永振一郎在这种"圆圈理论"的启发下提出了"超多时间理论"，并以保守主义的重整化演算方法（仍坚持点状粒子的观点）巧妙地处理了

（实质上是回避了）"发散问题"。但汤川秀树对朝永振一郎的处理方式仍不满意。

1949年，汤川秀树将"圆圈理论"进一步发展成为"非定域场理论"。他认为，"发散问题"的关键可能就在于以往的定域场理论习惯于把基本粒子当作无广延性的一个"点"来处理。他说：

> 没有大小尺寸的点，怎么可能具有许多不同种类的基本粒子的个性呢？

因此，他考虑给基本粒子指定一种物理广延性。1950年，他将自己的这种思想整理成了《非定域场的量子理论》的文章，发表在美国《物理评论》杂志上。非定域场论的基本思想是，基本粒子不是点，而应当具备固有的物理广延性，这样就有可能解决"发散问题"，同时也就有可能产生出基本粒子的多样性。不过，这种理论往往跟量子力学和相对论的一般原理相抵触。因此，汤川秀树直到晚年仍在摸索这方面的问题。

到1960年代，汤川秀树在中国老庄哲学的启发下开始把基本粒子概念归结为一种"时空的基元域"。他引用了中国唐代诗人李白的名句"夫天地者万物之逆旅，光阴者百代之过客"来类比基本粒子与时空的关系。他设想李白所讲的"逆旅"（旅店）就是"基元域"，"光阴"是指时空，而"过客"则是指基本粒子。非定域场论涉及一种四维广延性。最初是从"实体"角度去考察基本粒子的，即认为粒子占据着广延区域，他关心的是粒子本身的广延性。但这样看问题却遇到了和量子力学以及相对论不一致的困难。于是，又促使他改从"虚空"的角度去考察。他想：

> 也许我们可以通过首先考虑一种无能量的虚空来处理这个问题。这就是说，我们从我们的时空世界中分离出一种有限的无能量的元区域。

为了避免在定域场中"点状粒子"所遇到的困难，他就给这个区域的尺寸规定一个下限，即：

> 一个对应于最小时空量子的极限，这就是一个不能再进一步有意义地细分的区域。我们可以把它叫做基元域。

而且，按照各个基元域与能量联系方式的不同，可以把这种区域和各种各样的基本粒子等同看待。这就是说，必须联系时空本身的结构来考虑基本粒子的本性。具体做法就是，在时空中引入非连续性的结构。由于基元域具有一定的时空广延性，不是无限小，因此确定基元域的基本方程不再是微分方程，而是"差分"方程。他认为：

> 在求解差分方程时，我们得到的解一般比从微分方程得到的解多得多。从许多解中，如果我们能挑选出那些合用的来，并且能够把它们适当地系统化，那么我们或许就

能克服长期以来一直如此难办的无穷大问题。

1966年，他在《理论物理学进展》增刊上发表了题为《原子论和空间、时间的可分割性》的论文，正式提出了"基元域"理论。不过，这个理论一直到他逝世时也没能完成。

总的说来，从1940年代后半期起到他逝世为止，汤川秀树关于基本粒子的非定域场论、时空描述和基元域理论的研究并没有获得预期的效果。如同爱因斯坦、德布罗意和海森伯那样，由于种种原因，汤川秀树在物理学上未能再次享受到他年轻时集中精力通过短期决战获得成功那样的幸运。

七、重视培养学生创造力的导师

1953年，为了表彰日本第一个诺贝尔奖获得者汤川秀树，日本政府决定在他的母校京都大学设立基础物理学研究所。不久，汤川秀树本人从美国回到日本，出任该所的第一任所长，直到1970年退休为止，并将所获的诺贝尔奖的奖金全部捐赠给了这个研究所。他希望在日本，尤其是在京都大学能够不断地涌现出更多的像他那样的年轻物理学研究者。

在汤川秀树的内心深处有着一种对人类、社会、家庭、朋友和年轻研究者们的责任感。后来成为夏威夷大学名誉教授的渡边慧始终感激汤川秀树对自己的帮助。早在1940年代末，年轻的渡边慧准备赴美，正在为拿不出旅费而发愁时，已在美国的汤川秀树向他伸出了援助之手，自己拿出1000美元资助了他。而且，在以后的交往中，汤川秀树闭口不谈此事，使渡边慧深深体会到了什么叫重学术轻金钱的师生之谊。

在汤川秀树的努力下，京都大学的基础物理学研究所成为日本的研究中心。汤川秀树不满足于自己在专业领域里所取得的成就，非常关心相关领域的科学进步。在他的鼓励下，他周围的年轻人纷纷从事各种新兴学科的研究。1950 年代初，沃森、克里克提出 DNA 双螺旋模型时，基础物理学研究所就已开始有人研究"生物物理学"了。1960 年代宇宙学兴起时，汤川秀树也很关心身边的年轻学者有关天体核物理的研究。到 1970 年代，汤川秀树又对电子计算机的发展表示关注，使得基础物理学研究所和从事信息处理研究的前田宪一教授的研究室发生了横向联系。1974 年底，报纸杂志上发表了美国洛斯－阿拉莫斯实验室介子工厂用 π 介子治疗癌症的消息，汤川秀树对于自己过去所预言的介子能用于治疗癌症这一点尤为高兴。他曾把医学和核物理学方面有关的 16 人召集到京都大学基础物理学研究所，商议把介子疗法引进日本，从而终于使有关部门制订了包括派年轻研究者出国进修等内容的发展计划。

汤川秀树培养年轻人，尤其重视发展他们的创造力。他常说：

掌握困难的数学公式是很好的。但是，物理学的真正进步靠的是独创性。如果在独创性方面你们不和我竞争，那么在这一点上我就不会负于你们。

事实上，他在 50 岁以后，也一直在考虑这样一个问题：

不但是我自己,而且还有年轻的研究人员,都是怎样才能充分发挥创造力的?

为此,他在从事物理学研究的同时,还对创造理论进行了广泛深入的研究,不但写了创造理论的专著,而且还在日本组织了创造性研究会,以推动对创造力开发的研究。

八、投身于社会活动

汤川秀树年轻时曾经为了尽量避开同社会接触而选择物理学为研究方向。但恰恰是物理学又使他重新接近社会。一方面,由于他在物理学研究上取得了举世公认的成就,从而受到了社会的尊敬,政府的各种委员会以及社会团体组织都纷纷慕名而来,力图给他挂上各种头衔,并要求他参加他实际上并无多大兴趣的许多社交活动。对此,汤川秀树总是抱怨这些"乱七八糟的任务"太多,尽管他想采取"能推则推"的态度,但是他仍觉得应接不暇。另一方面,由于他的专业知识被用于军事领域而导致全人类面临核武器的威胁,尤其是日本成为最早受核武器之害的国家,使他感到震惊。如同世界上一切有正义感的科学家一样,他终于毅然决然地投身于废除核武器和争取世界和平的运动。

1948年,汤川秀树到达普林斯顿不久,就与爱因斯坦见面。爱因斯坦对汤川夫妇说:

为了避免全人类的毁灭,必须成立一个使地球上不再发生战争的机构。那除了把世界组成联邦之外别无他途。

这引起了汤川秀树对世界联邦运动的兴趣。1953年,他从美国回到日本,利用各种机会宣传"世界联邦"的思想。1955年,他成为反对使用核武器和废除战争的《罗素－爱因斯坦宣言》的11位签署人之一,同时,他还和下中弥三郎、茅诚司等人组成呼吁世界和平七人委员会。1957年,他出席了根据《罗素－爱因斯坦宣言》在加拿大召开的第一届帕格沃什会议。1961年,汤川秀树在维也纳召开的世界联邦主义者世界联合会的世界大会上当选为主席,夫人汤川寿美也担任了日本的世界联邦建设同盟的主席。汤川秀树曾对他的夫人说:"世界的半数以上是妇女,希望你在世界联邦能拼命去干。"1962年,汤川秀树和朝永振一郎、坂田昌一共同筹组了关于核裁军的"第一届科学家京都会议"。1975年,在京都召开的第二十五届帕格沃什会议上,汤川秀树当选为日本最早的帕格沃什会议主席。当时,他刚动过癌症手术不久,是坐在轮椅上出席会议的。1981年6月,亦即在他逝世前的三个月,他抱病出席了第四届科学家京都会议,并在会上做了演讲。他说:"虽感疲惫,但不能休息,相反要尽力为之。"

1970年,汤川秀树从京都大学退休。从学术界引退后,他成了名誉教授,但仍保留基础物理学研究所的管理委员、《理论物理学进展》的主编和理事长等职。他定期到研究所出席杂志的编辑会议等,会后就顺便在研究所的会议室里吃午饭,并与年轻的同事们闲谈一两个小时后回家。这已成了他退休后的生活日常。此外，他仍经常接见许多国内外的采访者，从事和平运动的热情有增无减。不过，他的晚年主要是在读书中度过的。

汤川秀树是一个多才多艺的人，琴棋诗画，几乎无所不能，尤以善作"和歌"（日本的一种诗歌形式）最为世人称道。晚年，他还出版了一本个人诗集《深山木》。他写诗不仅是出于爱好，而且还把它当作一种"恢复大脑疲劳的休息方式"。他小时候常和几个兄弟、两个姐姐一起向日本书法家山本竟山学习书法，而他绘南画的技巧则是后来向岳父汤川玄洋学的。为了排解晚年的寂寞心情，汤川秀树还学弹过三弦。他也善于下围棋。这时，他虽然并没有放弃物理学的研究，但却感到力不从心、无法那么拼命了。他最后的科学论文是发表在1968年《理论物理学进展》增刊上的两篇题为《基元域和基本粒子的场论（Ⅰ和Ⅱ）》的文章，那还是在退休前与片山泰久、梅村勋合写的。

1975年，汤川秀树开始被病魔缠身。从此，他的健康一直处于时好时坏的状态。他在动了前列腺手术后，因发现癌细胞又立即动了第二次手术。1980年初，他因患肺炎和心脏器质性病变住过一次医院。但到1981年夏，他的身体状况似乎有所好转。8月23日，他在外出散步时摔了一跤，仅眼下部位受伤。在此期间，他患了感冒，因发高烧，得了肺炎，需要住院。9月8日，他因患急性心脏器质性病变于午后2时溘然长逝。

（作者：周林东）

参考资料

拉曼　土生土长的印度科学家

[1] G. Venkataraman. Journey into Light-life and Science of C. V. Raman [M]. Bangalore：Indian Academy of Sciences, 1988.

[2] C. C. Gillispie. ed. Dictionary of Scientific Biography [C]. vol. XI, New York：Charles Scribibner's Sons, 1975.

[3] C. V. Raman. Books That Have Influenced Me [M]. Madras：G. A. Natesan & Go., 1947.

[4] N. K. Jain. Science and Scientists in India [M]. Delhi：Indian Book Gallery, 1982.

[5] A. Jayaraman. Chandrasekhara Venkata Raman[J]. Phys. Today, 1988, 41 (8)：56.

[6] C. V. Raman. A New Radiation [J]. Indian J. Phys. 1928,(2)：387−398.

[7] S. Pinzaru, W. Kiefer. Raman's Discovery in Historical Context [C]. Confocal Raman Microscopy. Springer Series in Surface Sciences, vol 66. Cham：Springer, 2018.

拉马努金　印度的奇才数学家

[1] G. H. Hardy, Ramanujan. Twelve Lectures on Subjects Suggested by His Life and Work [M]. Cambridge：Cambridge University Press, 1940.

[2] B. C. Berndt, Ramanujan—100 years old (fashioned) or 100 years new (fangled)? [J]. The Mathematical Intelligencer, 1988, 10 (3)：24−31.

[3] 张奠宙,赵斌. 二十世纪数学史话[M]. 北京:知识出版社,1984.

[4] G. H. 哈代. 一个数学家的辩白[M]. 李文林,戴宗铎,高嵘,译. 南京:江苏教育出版社,1996.

玻色　毛遂自荐的量子统计学家

[1] 王大明. 印度物理学家萨哈[J]. 自然辩证法通讯,1992,14(2):68-79.

[2] 王大明. 拉曼:土生土长的印度科学家[J]. 自然辩证法通讯,1994,16(1):62-74.

[3] R. C. 马宗达,H. C. 赖乔杜里,卡利金卡尔·达塔. 高级印度史:下[M]. 张澍霖,夏炎德,刘继兴,等译. 北京:商务印书馆,1986.

[4] 王大明. 南亚科学之光——介绍印度三位现代物理学先驱[J]. 物理,1994,23(8):505-510.

[5] 钱临照,许良英. 世界著名科学家传记:物理学家3[C]. 北京:科学出版社,1999.

[6] M. Dutta. Satyendranath Bose, scientist, patriot and man[C]. Calcutta: Proceedings of the International Symposium on Statistical Physics, 1974.

[7] 范岱年,赵中立,许良英,编译. 爱因斯坦文集:第二卷[C]. 北京:商务印书馆,1977.

[8] Stephen F. von Welk. Crossing Borders, Stretching Bounderies: The Bose-Einstein Lectures on Indo-German Cooperation In Science, Technology and Environment[C]. Delhi: Manohar, 2000.

萨哈　南亚天体物理学先驱

[1] C. C. Gillispie. ed. Dictionary of Scientific Biography[C]. Vol. XII, New York: Scribner's Sons, 1975. 70-71.

[2] S. N. Sen. ed. Professor Meghnad Saha：His Life，Work and Philosophy[C]. Calcutta：M. Saha Sixtieth Birthday Committee, 1954.

[3] N. K. Jain. Science and Scientists in India[M]. Delhi：Indian Book Gallery, 1982.

[4] V. Chirol. India：A Historical Survey of Political, Economic and Intellectual Developments[M]. New Delhi：Deep & Deep Pub., 1983.

[5] R. H. 福勒. 统计力学(下册)[M]. 王昌泰,等译. 北京：科学出版社,1989.

[6] 刘咸. 印度科学[M]. 北京：正中书局,1947.

[7] A. Rahman. Scientific Societies in India[M]. New Delhi：CSIR., 1965.

[8] C. N. R. Tao. ed. Science in India[C]. New Delhi：INSA., 1985.

萨拉姆　第一个获得诺贝尔物理学奖的穆斯林

[1] A. 加尼. 阿卜杜斯·萨拉姆——一个穆斯林国家的诺贝尔奖金获得者[M]. 周轩进,译. 北京：科学出版社,1987.

[2] 赖载兴,等. 理想与现实：阿卜杜斯·萨拉姆[M]. 陈养正,周燕梅,译. 北京：科学出版社,1989.

[3] G. Fraser. Cosmic Anger Abdus Salam—The first Muslim Nobel Scientist[M]. Oxford：Oxford University Press, 2008.

[4] M. A. Salam, R. Delbourgo, J. Strathdee. The Covariant Theory of Strong Interaction Symmetries[J]. Proceedings of The Royal Society A,1965,284(1396)：146-158.

[5] A. Salam. The International Center for Theoretical Physics[J]. Physics Today, 1965,18(3)：52-53.

长冈半太郎　日本现代物理学的拓荒者

[1] 板倉聖宣,木村東作,八木江里.長岡半太郎伝[M].東京:朝日新聞社,1973.

[2] 伊文成等编.日本历史人物传:近现代篇[M].哈尔滨:黑龙江人民出版社,1987.

[3] 魏凤文,申先甲.20世纪物理学史[M].南昌:江西教育出版社,1994.

[4] 广重彻.物理学史[M].李醒民,译.北京:求实出版社,1988.

[5] 長岡半太郎.回顧談[J].日本物理学會誌,1950(5):322-328.

[6] 斉藤幸江.長岡半太郎の原子模型の評価[J].物理学史研究,1969(1):43-53.

桑木彧雄　相对论在日本的早期传播者

[1] 石蔵甚平.九大における科学史文献[J].图书馆情报,1996,12(2):73.

[2] 会田军太夫.九大时代の桑木彧雄先生[J].自然,1981,12:88-96.

[3] 岡邦雄.桑木彧雄先生[J].科学知識,1947:20-24.

[4] 桑木彧雄.物理學と認識[M].東京:改造社,1922.

[5] 桑木彧雄.爱因斯坦传(上、下)[M].沈因明,译.上海:商务印书馆,1936.

[6] 桑木彧雄.近代科学の展開[M].東京:社會教育協會,1941.

[7] 桑木彧雄.黎明期の日本科学[M].東京:弘文堂書房,1947.

汤川秀树　东西方文化的科学结晶

[1] 桑原武夫,井上健,小沼通二(编).汤川秀树[M].东京:日本放送出版协会,1984.

[2] 汤川秀树.旅人[M].周林东,译.上海:上海译文出版社,2022.

[3] 汤川秀树.创造力和直觉[M].周林东,译.上海:复旦大学出版社,1987.

[4] L. M. Brown. Yukawa Hideki and the Meson Theory[J]. Physics Today, 1986

(39), 12.

[5] 井上健. 一筋の道[J]. 自然, 1981, 11.

[6] 渡边慧. みでとな人生セな[J]. 自然, 1981, 11.

[7] 中村诚右郎. 伟大な汤川秀树博士さしのぶ[J]. 科学朝日, 1981, 11.

人名对照表

（按外文姓氏的首字母排序）

A

阿贝尔 —— Niels Henrik Abel
爱知敬一 —— Aichi Keiichi
艾亚尔 —— S. N. Aiyai
安培 —— André Marie Ampère
安德森 —— C. D. Anderson
安德鲁斯 —— G. E. Andrews
阿基米德 —— Archimedes
阿诺德 —— Edwin Arnold
阿特玛奇兰 —— Sri Atmacharan

B

巴巴 —— H. J. Bhabha
玻尔 —— Niels Henrik David Bohr
玻尔兹曼 —— Ludwig Eduard Boltzmann
玻恩 —— Max Born
S. N. 玻色 —— Satyendra Nath Bose
J. C. 玻色 —— Jagadis Chandra Bose
布拉格 —— William Bragg（William Henry Bragg 威廉·亨利·布拉格，其子 William Lawrence Bragg 威廉·劳伦斯·布拉格）
布鲁赫尔 —— P. J. Bruhl
布托 —— Zulfikar Ali Bhutto

C

卡尔 —— Carr
柯西 —— Augustin-Louis Cauchy
查德威克 —— James Chadwick
考克罗夫特 —— J. Cockcroft
康普顿 —— Arthur Holly Compton
克里克 —— Francis Harry Compton Crick
柯曾勋爵 —— Lord Curan
居里夫人 —— Marie Curie

D

道尔顿 —— John Dalton
德布罗意 —— Louis Victor de Broglie

狄拉克 —— Paul Adrien Maurice Dirac
杜格尔 —— Dougall
杜特 —— Madhusudan Dutt

E
爱丁顿 —— Arthur Stanley Eddington
埃伦菲斯特 —— Paul Ehrenfest
艾各特 —— J. Eggert
爱因斯坦 —— Albert Einstein
欧拉 —— Leonhard Euler
尤因 —— James Alfred Ewing

F
费希纳 —— Gustav Theodor Fechner
费米 —— Enrico Fermi
费曼 —— Richard Feynman
福勒 —— William Alfred Fowler
弗兰克 —— James Franck

G
高斯 —— Carl Friedrich Gauss
盖尔曼 —— M. Gell-Mann
戈什 —— J. C. Ghosh
格拉肖 —— Sheldon Lee Glashow

H
哈恩 —— Otto Hahn
哈代 —— Godfrey Harold Hardy
哈桑 —— Saad S. M. Hassan
海森伯 —— Werner Karl Heisenberg
亥姆霍兹 —— Hermann Ludwig Ferdinand von Helmholtz
希尔伯特 —— David Hilbert
本多光太郎 —— Honda Kōtarō
洪德 —— F. Hund

I
石原纯 —— Ishihara Jun
伊凡宁柯 —— Dmitri Iwanenko

J
贾娜凯 —— Janaki
琼斯 —— R. Llewellyn Jones

K
开尔文 —— Kelvin（威廉·汤姆逊，W. Thomson）
基尔霍夫 —— G. R. Kirchhoff
科尔舒特 —— Kohlschutter

诺特 —— Cargill Knott
科萨里 —— D. S. Kothari
克拉默斯 —— H. Kramers
孔脱 —— August Adolf Eduard Eberhard Kundt
桑木彧雄 —— Kuwaki Ayao

L

拉盖尔 —— Laguere
兰兹伯格 —— G. S. Landsberg
朗之万 —— Paul Langevin
拉普拉斯 —— Pierre Simon de Laplace
劳厄 —— Max von Laue
勒纳 —— Philipp Eduard Anton von Lenard
林德曼 —— F. A. Lindemann
里特尔伍德 —— Littlewood
罗卡森达丽 —— Lokasundari
龙内 —— S. Loney
洛伦兹 —— Hendrik Antoon Lorentz

M

马赫 —— Ernst Mach
曼德斯塔姆 —— L. I. Mandestam
马可尼 —— Guglielmo Marconi
麦克斯韦 —— James Clerk Maxwell

迈特纳 —— Lise Meitner
明顿荷尔 —— Thomas Corwin Mendenhall
门泽尔 —— D. H. Menzel
密立根 —— Robert Andrews Millikan
米尔恩 —— E. A. Milne
闵可夫斯基 —— Hermann Minkowski
穆克伊 —— J. N. Mookerjee
穆克伊爵士 —— Lord Asatosh Mookerjee
穆克尔 —— G. C. Mukerj

N

长冈半太郎 —— Nagaoka Hantarō
南部阳一郎 —— Nambu Yōichirō
奈斯 —— N. S. N. Nath
奈德迈尔 —— S. H. Neddermyer
奈曼 —— Jerzy Neyman
尼赫鲁 —— Jawaharlal Nehru
能斯特 —— Walther Hermann Nernst
内维尔 —— E. H. Neville
牛顿 —— Isaac Newton
西田几多郎 —— Nishida Kitarō
仁科芳雄 —— Nishina Yoshio

O

小仓金之助 —— Ogura Kinnosuke
奥本海默 —— Julius Robert Oppenheimer

P

帕里特 —— T. N. Palit
帕蒂 —— Jogesh Pati
泡利 —— W. Pauli
佩尔斯 —— R. Peierls
佩和脱 —— Mauricio M. Peixoto
派尔斯 —— Sir Rudolf Peierls
佩兰 —— Jean-Baptiste Perrin
普朗克
　　—— Max Karl Ernst Ludwig Planck
庞加莱 —— Henri Poincaré
泊松 —— Siméon Denis Possion
鲍威尔 —— Cecil Frank Powell
普林舍姆 —— Peter Pringsheim

R

拉德马赫尔 —— Rademacher
拉曼
　　—— Chandrasekhara Venkata Raman
拉马努金
　　—— Srinivasa Aaiyangar Ramanujan
兰金 —— R. A. Rankine

拉奥
　　—— Pamulaparti Venkata Narasimha Rao
罗素 —— Bertrand Russell
瑞利 —— Lord Rayleigh
瑞歇 —— Fritz Reiche
黎曼
　　—— Georg Friedrich Bernhard Riemann
罗卡 —— Rocard
罗杰斯 —— Rogers
伦琴 —— Wilhelm Conrad Röntgen
雷伊 —— C. Roy
罗伊 —— Raja Rammohan Roy
卢什方斯 —— J. M. Rushforth
罗素 —— Henry Norris Russell
卢瑟福 —— E. Rutherford

S

萨哈 —— Meghnad Saha
坂田昌一 —— Sakata Shōichi
萨拉姆 —— Abdus Salam
薛定谔 —— Erwin Schrödinger
斯恩 —— N. R. Sen
塞伯 —— R. Serber
辛格 —— Jagjit Singh
西尔卡 —— Mahendra Lal Sircar

斯梅卡尔 —— Adolf Smekal
斯莫卢霍夫斯基 —— Smoluchowski
索末菲
　　—— Arnold Johannes Wilhelm Sommerfeld
斯普林 —— F. Spring
斯陶特 —— H. Van de Stadt

T

塔姆 —— Игорь Евгеньевич Тамм
田中正平 —— Tanaka Shōhei
田中馆爱司 —— Tanakadate Aikitsu
泰戈尔 —— Rabindranath Tagore
寺田寅彦 —— Terada Torahiko
J. J. 汤姆孙 —— Joseph John Thomson
汤姆孙 —— William Thomson
朝永振一郎 —— Tomonaga Shinichirō

V

瓦什姆帕亚那 —— Vaishampayana
威斯瓦米特
　　—— Mysore Ananthamurthy Viswamitra

W

沃尔顿 —— E. Walton
沃克 —— G. Walker
沃德 —— John Ward
华林 —— E. Waring
沃森 —— G. N. Watson
韦伯 —— Wilhelm Eduard Weber
温伯格 —— Steven Weinberg
韦斯科夫 —— V. F. Weisskof
维恩 —— Wilhelm Wien
威尔逊
　　—— Charles Thomson Rees Wilson
威尔顿 —— J. R. Wilton
伍德 —— R. W. Wood

Y

雅根亚沃卡 —— Yagnyavalka
山川健次郎 —— Yamakawa Kenjirō
汤川秀树 —— Yukawa Hideki

Z

塞曼 —— Pieter Zeeman
茨威格 —— George Zweig